本书为国家自然科学基金资助项目"基于企业异地投资视角的长三角港口—腹地物流空间组织机理"（项目号：42471214）阶段性成果

金陵智库丛书

中国创新型城市建设与南京实践

王 聪 著

中国社会科学出版社

图书在版编目（CIP）数据

中国创新型城市建设与南京实践 / 王聪著. -- 北京：中国社会科学出版社，2025.5. --（金陵智库丛书）.
ISBN 978-7-5227-4727-9

Ⅰ. F299.275.31

中国国家版本馆 CIP 数据核字第 2025YF1282 号

出 版 人	赵剑英
责任编辑	孙　萍
责任校对	夏慧萍
责任印制	李寡寡

出　　版	中国社会科学出版社
社　　址	北京鼓楼西大街甲 158 号
邮　　编	100720
网　　址	http://www.csspw.cn
发 行 部	010-84083685
门 市 部	010-84029450
经　　销	新华书店及其他书店
印　　刷	北京明恒达印务有限公司
装　　订	廊坊市广阳区广增装订厂
版　　次	2025 年 5 月第 1 版
印　　次	2025 年 5 月第 1 次印刷
开　　本	710×1000　1/16
印　　张	12
插　　页	2
字　　数	201 千字
定　　价	58.00 元

凡购买中国社会科学出版社图书，如有质量问题请与本社营销中心联系调换
电话：010-84083683
版权所有　侵权必究

《金陵智库丛书》编委会

主　编　曹劲松

副主编　石　奎　季　文　周蜀秦
　　　　张　锋　方　丹

编　委　邓　攀　黄　南　谭志云
　　　　吴海瑾

前　　言

纵观人类文明发展的历史长河，创新一直是民族进步和国家兴旺发达的源泉和动力，也是推动人类社会不断前进的重要力量。正是一次次对未知领域的探索和尝试，人类社会才可以在失败中不断超越自我、成就自我，实现知识积累和更新，促进创新达到新的高度。面对百年未有之大变局，以互联网和新一代信息技术为代表的新技术革命极大地改变了传统的产业运作方式与商业模式，也推动城市经济形态实现质的跃迁。城市经济重心从传统制造业向现代服务业加速转型，以知识创新、信息要素为核心驱动力的新经济形态日益凸显，正在重构城市发展的内在逻辑和竞争优势。创新资源加速在世界范围内流动，科技、人才、知识、资本等高端要素正在重新优化配置，全球经济进入创新竞争阶段。自20世纪50年代开始，日本先后发布了《新长期经济计划》《筑波研究学园城市建设法》等，致力于以强大的国家科研力量实现产业转型和城市创新发展；70年代，感受到危机的美国，通过《拜杜法案》有效提升了科技成果转化率，成为美国"制造经济"向"知识经济"转型的重要转折点。美国管理学家迈克尔·波特认为，一个国家在经济发展的不同阶段，驱动经济发展的动力是不同的。在《国家竞争优势》中根据国家经济发展的成熟程度，分为要素、投资、创新和财富四个不同的竞争优势驱动。除了第四个阶段带来的经济转折点，前三个阶段表明了一个国家在经济走向繁荣的过程中，生产要素、投资和创新所发挥的不同作用，这一理论延伸到区域和城市经济发展实践中，可以发现，在城市经济社会发展程度到达一定高度后，创新驱动成为区域和城市提升竞争力、实现高质量发展的必然选择。

党的十八大以来，面对时代挑战和历史机遇，以习近平同志为核心的党中央高度重视科技创新。党的十九大报告明确提出要"坚定实施创新驱动发展战略""加快建设创新型国家",强调"创新是引领发展的第一动力,是建设现代化经济体系的战略支撑"①,要全面推进理论创新、制度创新、科技创新、文化创新等各领域创新,让创新真正成为推动高质量发展的强大引擎。习近平总书记强调:"立足新发展阶段、贯彻新发展理念、构建新发展格局、推动高质量发展,必须深入实施科教兴国战略、人才强国战略、创新驱动发展战略,完善国家创新体系,加快建设科技强国,实现高水平科技自立自强。"② 党的二十大报告更是将"实现高水平科技自立自强,进入创新型国家前列"纳入 2035 年我国发展的总体目标,并提出"坚持创新在我国现代化建设全局中的核心地位",旗帜鲜明地确立了创新在中国式现代化的核心地位和"第一动力"的重要作用,更强调了创新是高质量发展的重要抓手,将贯穿中国式现代化建设的全过程。巩固好创新在构建新发展格局、实现高质量发展中的重要作用,将成为"开辟发展新领域新赛道,不断塑造发展新动能新优势"的要义所在。推动科技创新和产业创新深度融合,是培育和发展新质生产力的核心动力和关键路径。

  城市是科技创新活动和创新要素集聚的重要空间载体,创新型城市汇集了技术知识、创意文化、人力资本等创新要素,同时对周边城市和区域发展具有重要的带动和引领作用。2016 年,习近平总书记在全国科技创新大会、两院院士大会、中国科协第九次全国代表大会上指出,"发挥各地在创新发展中的积极性和主动性,对形成国家科技创新合力十分重要","要加快打造具有全球影响力的科技创新中心,建设若干具有强大带动力的创新型城市和区域创新中心"。③ 2008 年,深圳成为首个创新型城市建设试点,随后,国家创新型城市试点工作开始由浅入深、由点及面渐进式推广实施,国家发展改革委《关于推进国家创新型

---

① 习近平:《决胜全面建成小康社会 夺取新时代中国特色社会主义伟大胜利——在中国共产党第十九次全国代表大会上的报告》,人民出版社 2017 年版,第 31 页。
② 习近平:《在中国科学院第二十次院士大会、中国工程院第十五次院士大会、中国科协第十次全国代表大会上的讲话》,人民出版社 2021 年版,第 9 页。
③ 习近平:《为建设世界科技强国而奋斗——在全国科技创新大会、两院院士大会、中国科协第九次全国代表大会上的讲话》,人民出版社 2016 年版,第 16 页。

城市试点工作的通知》明确提出，创建国家创新型城市要以实现创新驱动发展为导向，以提升自主创新能力为主线，以体制机制创新为动力，以营造创新友好环境为突破口，健全创新体系、聚集创新资源、突出效益效率、着眼引领示范，探索区域创新发展模式，培育一批特色鲜明、优势互补的国家创新型城市，形成若干区域创新发展增长极，增强国家综合实力和国际竞争力，为实现创新型国家建设目标奠定坚实基础。创新型城市建设是构建创新型国家的战略引擎，也是完善国家创新体系的重要支撑，对提升国家整体创新能力和核心竞争力具有深远的战略价值。

遵循"理论分析—实证检验—路径对策"的研究思路，本书紧紧围绕创新型城市建设的核心逻辑、发展模式和实施路径等，从宏观、中观、微观等不同维度，综合运用不同的研究方法，对"全球—全国—区域—城市"不同尺度下创新型城市的创新能力进行综合评价，强化不同研究尺度下创新型城市建设的背景、特点和思路的深入调研和综合研究。同时，基于南京的实证研究，系统梳理南京创新型城市建设的演进轨迹和发展趋势，深入剖析南京以引领性国家创新型城市建设推动综合能级提升的具体路径和创新举措。

目 录

第一章 创新型城市的内涵演进与建设方向 ………………………… (1)
  第一节 创新型城市的内涵演进及相关研究 ……………………… (1)
    一 创新型城市内涵研究溯源 ………………………………… (1)
    二 创新型城市与区域科技创新合作 ………………………… (3)
    三 创新型城市与科技创新能力评价 ………………………… (5)
  第二节 创新型城市建设基本模式与实践启示 …………………… (6)
    一 技术创新主导型创新型城市建设 ………………………… (6)
    二 文化创意主导型创新型城市建设 ………………………… (10)
    三 产业转型主导型创新型城市建设 ………………………… (12)
    四 创新型城市建设的经验与启示 …………………………… (14)
  第三节 新时代创新型城市建设的战略方向 ……………………… (17)
    一 产业技术创新与未来产业发展 …………………………… (17)
    二 企业创新升级与数字转型赋能 …………………………… (20)
    三 创新驱动发展与全球城市转型 …………………………… (24)

第二章 全球创新网络与创新型城市评价 …………………………… (27)
  第一节 全球创新城市网络格局 …………………………………… (27)
    一 全球创新网络的层级性特征 ……………………………… (27)
    二 全球创新网络的节点城市地位 …………………………… (28)
  第二节 全球创新型城市评价体系构建 …………………………… (32)
    一 全球创新型城市评价指标体系 …………………………… (33)
    二 全球创新型城市评价规律特点 …………………………… (46)
  第三节 全球节点创新型城市评价实证 …………………………… (47)

一　节点创新型城市评价原则导向 …………………………………… (47)
　　二　节点创新型城市评价方法思路 …………………………………… (48)
　　三　节点创新型城市评价实证结果 …………………………………… (52)

第三章　中国创新型城市建设历程与未来方向 …………………………… (57)
　第一节　准确把握中国创新发展新趋势 ………………………………… (57)
　　一　增长动力：从"要素驱动"向"创新驱动"转变 ……………… (57)
　　二　发展思路：从"跟踪模仿"向"自主创新"转变 ……………… (58)
　　三　空间战略：从"单打独斗"向"协同创新"转变 ……………… (59)
　第二节　中国创新型城市建设的实践逻辑 ……………………………… (61)
　　一　中国创新型城市建设的发展进程 ………………………………… (61)
　　二　中国创新型城市建设的主要特征 ………………………………… (64)
　　三　中国创新型城市建设的典型案例 ………………………………… (67)
　第三节　中国创新型城市建设的未来趋势 ……………………………… (74)
　　一　宏观层面：主动融入全球创新网络 ……………………………… (74)
　　二　中观层面：多层级区域协同创新 ………………………………… (75)
　　三　微观层面：创新型城市系统构建 ………………………………… (76)

第四章　创新型城市建设与区域协同创新 ………………………………… (79)
　第一节　区域协同创新发展趋势及路径 ………………………………… (79)
　　一　区域协同创新成为大势所趋 ……………………………………… (79)
　　二　区域协同创新发展实施路径 ……………………………………… (81)
　第二节　区域协同创新引领城市建设策略 ……………………………… (84)
　　一　区域协同创新引领城市的目标导向 ……………………………… (84)
　　二　区域协同创新引领城市的实践样本 ……………………………… (86)
　　三　区域协同创新引领城市的综合比较 ……………………………… (88)
　第三节　南京都市圈协同创新发展 ……………………………………… (93)
　　一　南京都市圈协同创新的现实基础 ………………………………… (93)
　　二　南京都市圈协同创新的制约因素 ………………………………… (101)
　　三　新时代南京都市圈协同创新的推进机制 ………………………… (106)

第五章 创新型城市建设与创新效率提升 ……………………（112）
第一节 创新效率提升的内在机制 ………………………（112）
一 创新型城市构建的核心主体 ……………………（112）
二 创新效率提升的影响因素及促进机制 …………（114）
第二节 国外创新效率提升的实践探索 …………………（116）
一 聚焦创新主体完善顶层管理体系 ………………（116）
二 发挥创新载体平台多元集聚作用 ………………（118）
三 建立创新支撑系统高效协同机制 ………………（120）
四 营造开放合作包容创新宏观环境 ………………（121）
第三节 国内主要城市创新效率的比较分析 ……………（122）
一 主要城市科技创新发展的基本情况 ……………（122）
二 科技创新投入产出绩效比较分析 ………………（128）

第六章 南京引领性国家创新型城市建设路径 ……………（139）
第一节 南京建设国家创新型城市的能级评价 …………（139）
一 全球创新网络下的南京创新情况 ………………（139）
二 长三角一体化下的南京创新能级 ………………（141）
第二节 南京建设引领性国家创新型城市的现实基础 …（150）
一 南京建设创新型城市的基础优势 ………………（150）
二 南京建设创新型城市的历史演进 ………………（153）
第三节 南京建设引领性国家创新型城市的具体举措 …（165）
一 增强南京基础创新策源能力 ……………………（165）
二 提高南京产业创新领先水平 ……………………（165）
三 强化南京创新平台集聚优势 ……………………（167）
四 优化南京创新生态环境支撑 ……………………（167）
五 发挥南京区域创新引领作用 ……………………（168）

参考文献 ……………………………………………………（170）

后 记 ………………………………………………………（179）

第一章

创新型城市的内涵演进与建设方向

创新型城市是以科技、知识和创意等创新要素为核心驱动力的新型城市发展范式，通过构建创新生态系统重塑城市发展动能，代表着更具可持续性和竞争力的未来发展方向。在创新驱动发展战略引领下，培育创新型产业体系、打造具有全球竞争力的创新产业集群，已成为赋能城市高质量发展、提升区域可持续发展能级的关键路径，相关议题也日益成为地方政府和学术研究关注的热点。

第一节 创新型城市的内涵演进及相关研究

一 创新型城市内涵研究溯源

关于创新概念的提出最早可以追溯到美籍奥地利经济学家约瑟夫·熊彼特（J. A. Schumpeter），在其1912年出版的著作《经济发展理论》中，第一次从经济发展的角度对创新概念进行了界定，提出创新是推动经济发展的内在动力，并提出了著名的"创造性毁灭"理论，这为各个国家创新发展战略和创新型经济发展等提供了重要理论基础。他把创新界定为"执行新的组合"或"建立新的生产函数"，即基于生产要素和生产条件的重新组合而建立新的生产体系。熊彼特提出创新并不单纯的只是技术上的新发明，他率先用"创新理论"解释区域和城市经济发展，并提出制度创新的重要性。"现代管理学之父"美国经济学家彼得·德鲁克（Peter F. Drucker）也提出创新是一种赋予资源新的创造力的活动，能促使资源创造出新财富。

随着创新地域化、区域化的特征越来越突出，城市作为创新要素的重要载体和创新网络的关键节点，其创新发展范式日益受到关注，相关研究不断增加。英国城市地理学家 Peter Hall 在 1998 年出版的《文明中的城市》中较早阐释了城市与创新的关系，并将创新型城市界定为"具有创新品质的城市"。他认为具有创新特质的城市在经济社会发展变迁中不断涌现新事物，通过吸收、创造，融合成新的社会形态。[1] 从已有的研究文献来看，关于创新型城市的英文表述主要有"Creative City"和"Innovative City"两种。这两种表述也代表了很长一段时间内，西方关于创新型城市研究的两大类观点。其中，第一类观点中"Creative City"主要来源于英国城市复兴研究学者查尔斯·兰德利（Charles Landry），在其 2000 年出版的著作《创意城市：城市创新者的工具箱》（*The Creative City: A Toolkit for Urban Innovators*）中，他系统论述了现代城市发展所面临的一系列问题，如交通管理、产业发展、城市生态、种族融合等。针对这一系列城市发展命题，他将创新发展机制引入城市发展体系和发展战略中，成为推动城市复兴和空间更新再造的有力举措。同时，他还提出了创新型城市建设需要有创意的人、开放的组织文化等 7 个支撑要素，并构建了城市创新活力指标评价体系，包括规模效应、协同效应、竞争力和组织力等。[2]

第二类观点中，"Innovative City"被赋予更深层的经济学内涵，创新被视为城市经济增长和未来发展的重要驱动力，强调技术、知识、文化和制度的全方位变革，其本质是倡导一种全新的创新发展理念。最早可以追溯到 James Simmie（2001）对欧洲主要创新型城市的研究，他以斯图加特、米兰、阿姆斯特丹、巴黎和伦敦五个城市作为案例，系统研究了城市创新与经济集聚发展的关系，并总结了城市创新的四个来源，

---

[1] Peter Hall, "The Future of Cities", *Computers, Environment and Urban Systems*, 1999, 23: pp. 174-185.

[2] Charles L., *The Creative City: A Toolkit for Urban Innovators*, London: Earthscan Publications Ltd., 2000.

包括内部范围效应（Internal Scale Effects）、本地化经济发展、城市化发展水平和全球化效应，创新型城市作为一种新型城市发展模式不断得到重视。国内关于创新型城市的研究也多受这一观念的影响，重点关注强调人和环境的关系，注重分析创新型城市的内涵特征、构成要素和功能特点，进而实现创新型城市的系统构建。

二 创新型城市与区域科技创新合作

在全球加速新一轮科技革命的大背景下，科技创新对于区域发展的作用更加凸显，科技创新合作成为区域间合作的重要组成部分。关于区域科技创新合作的研究主要集中在三个方面：一是区域创新系统研究更加深入。科技创新不是孤立存在的，区域创新系统的研究强调在一定的地理空间内，不同创新主体之间互相合作、协同创新所形成的组织形式。Schumpeter认为技术的创新具备连贯性的特征，一个技术创新会引发多个技术创新。[1] Cooke等人最早提出区域创新系统的概念，认为区域创新系统是生产企业、科研院所、科技部门、高等学校等创新主体在地理空间相互关联，通过相互之间创新行为的互动和专业分工形成区域创新组织体系。[2] 2003年，美国总统科技顾问委员会（PCAST）就创新领导力和国家创新生态进行系统研究，"创新生态系统"（Innovation Ecosystem）首次进入美国创新战略层面，并受到更多发达经济体的重视。2004年发布的《维护国家的创新生态体系、信息技术制造和竞争力》和《维护国家的创新生态系统：保持美国科学和工程能力之实力》两个报告，更是系统阐释了美国的创新生态系统所具有的优势，"创新生态系统"研究从理论走向实践，创新不再是线性和机械的，而是演变为多元创新主体之间相互作用的生态系统。二是区域科技创新合作主体更加多元。区域科技创新合作是区域创新系统形成的重要基础，在20世纪90年代，Leydesdorff和Etzkowitz两位教授建立了"大学—产业—政

---

[1] Schumpeter J. A., *The Theory of Economic Development*, Cambridge, MA: Harvard University Press, 1934.

[2] Cooke P., "Regional Innovation Systems: An Evolutionary Approach", in Cooke P., Heidenreich M., Braczyk H. J., eds. *Regional Innovation Systems: The Role of Governances in a Globalized World* (2nd ed), London, UK: UCL Press, 2004, pp. 1–18.

府"创新三螺旋结构,将政府、企业、大学作为创新生态系统的核心要素,旨在利用生物学的三螺旋原理阐释这三者为了实现效益最大化,彼此之间创新活动的相互作用关系和创新行为机制。[1] Anna Lee Saxenian 选取了硅谷和中国、印度之间高端人才流动的案例,研究发现高端人才流动对产业技术转移和产业空间格局有着重要的影响。[2] 解学梅认为不同创新主体、环境、资源等共同参与协同创新合作过程,不同要素间通过相互作用机制,形成一个有序合集,其中产学研是主要创新因子。[3] 徐宜青、曾刚等利用合作专利数据,研究了长三角城市群协同创新的发展过程,分析了不同区域在协同创新过程中的技术知识差异。[4] 三是区域科技创新合作的实现形式更加多样。从区域科技创新合作的实现形式来看分为产学研合作、产业集群创新、产业链协同创新、企业协同创新网络组织等。Fontana 等提出了四种产学研协同创新模式,包括协同研发、协同研究、协同教育与技术产业化等。[5] Becker 和 Dietz 认为产学研合作是企业创新过程的一个重要环节,可以弥补企业自身创新要素的缺失,帮助企业提升创新能力。[6] 朱凌等以长三角地区为例,分析了"985"高校的专利数据,并提出要从政府、高校、企业等不同层面发力,构建高效的产学研协同创新体系,从而提升创新质量和产出效能。[7] 张翼

---

[1] Etzkowitz H., Klofsten M., "The Innovating Region: Toward a Theory of Knowledge-Based Regional Development", *Research and Development Management*, 2005, 35 (3): pp. 243 – 255.

[2] Saxenian A., "From Brain Drain to Brain Circulation: Transnational Communities and Regional Upgrading in India and China", *Studies in Comparative International Development*, 2005, 40 (2): pp. 35 – 61.

[3] 解学梅、左蕾蕾:《企业协同创新网络特征与创新绩效:基于知识吸收能力的中介效应研究》,《南开管理评论》2013 年第 3 期。

[4] 徐宜青、曾刚、王秋玉:《长三角城市群协同创新网络格局发展演变及优化策略》,《经济地理》2018 年第 11 期。

[5] Fontana R., Geuna A., Matt M., "Factors Affecting University-Industry R&D Projects: The Importance of Searching, Screening and Signalling", *Research Policy*, 2006, 35 (2): pp. 309 – 323.

[6] Becker W., Dietz J., "R&D Cooperation and Innovation Activities of Firms-Evidence for the German Manufacturing Industry", *Research Policy*, 2004, 33 (2): pp. 209 – 223.

[7] 朱凌、常甲辉、徐旋:《从构建产学合作平台到实现产学协同创新——基于长三角"985"高校专利数据及典型案例的研究》,《高等工程教育研究》2012 年第 4 期。

等基于扎根理论，构建了跨区域的科技创新合作机制，并将长三角科技创新共同体分为了任务帮扶型、转移合作型、互动发展型和响应跟随型4种合作生成模式。①

三 创新型城市与科技创新能力评价

创新型城市建设的核心目标是创新要素集聚和城市创新能力提升，充分发挥科技创新在推进经济社会高质量发展中的引领和支撑作用，因此越来越多的学者意识到创新能力评价对于促进城市创新发展的重要性。Pinto 和 Guerreiro 通过构建创新能力评价指标体系对欧洲 175 个地区的创新能力进行了系统评估，该指标体系基于因子分析法分为技术创新、人力资本、经济结构和劳动力四个指标。② 国内学者围绕这一方面也展开了大量研究，如张永凯等通过对上海和深圳的科技创新活动基础、创新投入及创新产出进行比较分析，从创新主体、市场化水平、文化环境、企业性质等层面剖析了产生差异的原因。③ 隋艳颖通过构建指标体系，对北京、上海、广州、深圳四个一线城市的创新能力进行比较和评价，指标体系包括创新基础、创新投入、经济投入、教育基础、创新绩效五个方面。④ 从科技创新效率的研究来看，学者们大多基于 Farrel 在 1957 年提出的技术创新效率的概念以及基于生产前沿的效率测算方法。有学者运用两阶段 DEA 模型对欧盟地区技术和能源效率进行了研究，发现人力资本、技术创新等要素对于技术和能源效率的正向影响更为显著。⑤ 国内学者寇明婷等从新视角引入网络数据包络分析技术，

---

① 张翼、曹蓉、孙哲：《府际科技合作何以可能——基于长三角科技创新共同体的扎根理论研究》，《科技进步与对策》2024 年第 19 期。

② Pinto H., Guerreiro J., "Innovation Regional Planning and Latent Dimensions: The Case of the Algarve Region", *The Annals of Regional Science*, 2010, 44 (2): pp. 315 – 329.

③ 张永凯、薛波：《上海与深圳城市科技创新能力差异及创新模式比较分析》，《科技管理研究》2017 年第 11 期。

④ 隋艳颖：《创新驱动发展战略下城市创新能力比较研究——以一线城市为例》，《首都经济贸易大学学报》2018 年第 1 期。

⑤ Djula Borozan, Luka Borozan., "Analyzing Total-Factor Energy Efficiency in Croatian Counties: Evidence from a Non-parametric Approach", *Central European Journal of Operations Research*, 2018 (3).

从技术研发和技术转化两个阶段测算了创新型城市创新投资效率。[①] 顾伟男和申玉铭构建了包括投入、产出和环境三方面的指标体系，通过计算变异系数对中心城市的科技创新能力进行了整体评估和分项评价。[②] 张洁研究了我国 28 个省份 2008—2017 年的科技创新效率，通过 DEA-Malmquist 指数研究发现，整体科技创新效率呈现上升趋势，但区域差异明显。[③] 杨骞等基于 2001—2021 年区域创新能力数据，从空间视角对中国区域创新能力进行了整体评价，并就其内在的结构特征进行深入挖掘。[④]

第二节　创新型城市建设基本模式与实践启示

创新型城市的建设受到区域地理位置、自然资源禀赋、基础设施条件、社会文化氛围等多重因素的影响，不同的资源要素构成一个多元化的、高度集成的生态系统。尤其是随着城市工业化进程和技术迭代更新的加快，创新型城市的内涵也在不断丰富和拓展。不同的经济基础、政治环境、社会结构和文化基础决定了各城市不同的发展模式和创新路径，根据创新型城市建设中核心驱动要素的差异，创新型城市发展模式主要可归纳为以下几种类型。

一　技术创新主导型创新型城市建设

(一)"创新孵化模式"——美国硅谷

美国的硅谷位于旧金山的圣塔克拉拉县，20 世纪 50 年代初这里还

---

① 寇明婷、陈凯华、高霞等：《创新型城市技术创新投资效率的测度方法研究：基于创新过程的视角》，《科研管理》2014 年第 6 期。
② 顾伟男、申玉铭：《我国中心城市科技创新能力的演变及提升路径》，《经济地理》2018 年第 2 期。
③ 张洁：《我国各省市科技创新效率的 DEA 测评》，《价值工程》2019 年第 30 期。
④ 杨骞、陈晓英：《中国区域创新能力的空间差异及其内在结构解析：2001—2021 年》，《山东财经大学学报》2023 年第 4 期。

是美国的农业加工中心之一，但是随着斯坦福科学院的诞生，硅谷成为全世界最典型的创新孵化和高科技产业集聚高地。硅谷"鼓励冒险、善待失败、紧密合作"的创新文化是其成功的重要原因，硅谷的企业和社区共同营造了浓郁的创新氛围和创新环境，提升了区域总体的开放度、宽容度和创新活力，吸引了众多海外高科技人才。2018 年在美国出生的外国人口占比为 13.7%，而硅谷和旧金山湾区分别高达 38.2% 和 35.6%。2018 年硅谷的海外人才流入量也高达 2 万人。同时也是最重要的，通过构筑"大学—企业—政府"三螺旋合作结构，形成了包含政府工作人员、大学教授和高校学生、科研机构和研发中心、企业家、风投公司等多元创新主体的复杂创新生态网络。其中，一批研究型大学和创新型机构构建了强大的技术支撑体系和人才培养体系。目前，旧金山湾区汇集了多所世界顶级大学和科创中心，包括斯坦福大学、加利福尼亚大学伯克利分校、加利福尼亚大学旧金山分校、加利福尼亚大学戴维斯分校和加利福尼亚大学圣克鲁兹分校等，还包括美国宇航局 Ames 研究中心、农业部西部地区研究中心、斯坦福直线加速器中心、能源部劳伦斯·利弗莫尔国家实验室、能源部劳伦斯·伯克利国家实验室 5 个国家级研究实验室以及 20 多个州级的实验室。政府为大学提供大量科研经费，助力大学研发世界一流高新技术，并培养世界一流人才，而这些技术和人才又支撑了企业的技术创新和发展，企业与企业之间也保持紧密的合作关系，逐步形成可持续的良性创新循环。硅谷汇聚了大量行业引擎企业，引领世界科技产业创新发展。2018 年，旧金山湾区就已经集聚了世界 500 强企业中的 30 余家企业总部，如苹果、谷歌、思科、易贝、英特尔、脸书、甲骨文、特斯拉等。旧金山湾区的独角兽企业数量引领全球，被称为"全球独角兽之都"。2019 年，旧金山湾区已经有独角兽企业 102 家，占全球 494 家独角兽企业的 21%，远高于世界其他地区。根据胡润研究院发布的《2023 全球独角兽榜》，旧金山拥有的独角兽企业总部数量为 181 家，排名全球第一。

（二）"自主创新模式"——中国深圳

2008 年，深圳成为全国首个国家创新型城市试点城市，2014 年，深圳作为首个以城市为基本单元的国家自主创新示范区成功获批。2019 年发布《中共中央、国务院关于支持深圳建设中国特色社会主义先行示范区的意见》，明确提出以深圳为主阵地建设综合性国家科学中心。2020年3月，深圳被正式明确为第四个"综合性国家科学中心"。2022年5月，《深圳市自主创新能力建设"十四五"规划》正式颁布。《规划》提出，"十四五"时期，深圳将围绕七大任务，推动技术创新和制度创新"双轮驱动"，打造支撑基础研究、产业发展、民生服务、社会治理、生态环保等领域创新发展的自主创新能力建设体系。深圳市科技创新委员会发布《深圳市科技创新"十四五"规划》，并提出发展目标："到2025年，深圳将建成现代化国际化创新型城市，成为粤港澳大湾区国际科技创新中心的重要引擎，加快建设具有全球影响力的科技和产业创新高地。"

作为我国四个一线城市中面积最小的城市，深圳一直坚持创新驱动发展战略，不断突破要素资源瓶颈制约。根据2022年发布的《全球科技创新中心发展指数》，深圳位列全球科技创新中心的第十二位，技术创新全球策源力在全球排在了第五位、中国第一位，产业变革全球驱动力排名全球第九位、中国第三位。在高被引论文发表量上，深圳与北京、上海、杭州、南京、武汉共同入围全球30强。多年来，深圳不仅培育了华为、腾讯等知名企业，还有以优必选等企业为代表的行业"小巨人"，"大企业顶天立地、小企业铺天盖地"，深圳已然形成梯次型创新企业集群。"6个90%"的创新密码更是被广为称道，即创新型企业中90%以上是本土企业；研发机构中90%以上由企业设立、研发人员的90%以上集聚在企业中、研发资金的90%以上由企业提供、职务发明专利的90%以上来源于企业、重大科技项目发明专利90%以上集中于龙头企业。这一"创新密码"的底层逻辑正是深圳尊重企业的创新主体地位，建立了以企业为主体的自主创新模式。围绕以企业为主体的自主创新体系建设，深圳形成了有效支持企业自主创新的全产业链支持服务体系，建立了"企业+银行+担保机构+再担保机构"的融资合作新型模式，不断完善以政府为引导，企业为主体，风险投资、创业投资、银行、产业基金、技术和知识产权交易等为依托的科技投融资体系，有效地推动科技创新与金融的同频共振。同时，深圳还十分注重创新链与产业链融合，不断夯实覆盖创新全过程、全环节的产业生态，推动产业链"全链条、矩阵式、集群化"发展。

(三)"创新集群模式"——韩国大德

韩国大田是一个土地贫瘠、资源匮乏、面积不大的小城市。20世纪70年代以前,韩国经济主要依靠加工型经济,为了改善产业结构,提升经济发展竞争力,韩国政府开始建设大德科学城,同时将韩国高等科学技术学院落户于此,教育资源优势不断凸显。目前,大田已经成为韩国中部最大的城市和交通枢纽,集聚了大田大德大学、友松大学、惠泉大学等各类韩国顶尖的综合型高等院校和高水平研究院所,以及2000多家高科技企业。韩国大德研发特区,原韩国大德科技园,是一个集教育、科研和生产为一体的高科技园区,相当于中国的中关村科技园和美国的"硅谷",被称为"新技术的孵化器"和"韩国科技的摇篮"。

韩国政府高度重视大德科技园的发展。大田市政府任命韩国部长级官员担任园区管理机构的主席和CEO,并聘用了多名优秀人才参与园区管理。同时,韩国政府为了保障和促进大德科技园发展,相继出台了一系列法律条例,1993年和2004年分别发布了《大德科学城行政法》《大德研发特区法》,并在2005年将大德科技园建立的初衷和目标正式记入国家法案第46条。政府希望通过集聚大量的研究机构和创新平台以实现创新的集群效应,提升科技成果转化效率,将大德科学城建设成为国家高科技竞争力提升以及经济繁荣的发动机。由此,政府在出资建设大德科学城后,强制将多个首尔研究机构迁入,同时推动园区内研究机构的引入和设立,并积极扶持园区内机构及企业发展。在促进产学研合作方面,大田与韩国生命工学研究院、韩国科学技术研究院等分别建立产学研办公室,进一步促进了成果转化效率和水平,同时,与友松工业大学、大田大德大学等高校签订全面合作协议,就人才培养、成果转化等方面展开合作交流。尤其是《大德科学城管理法》和《技术转移促进法》的相继出台进一步促进了高校院所和企业的互动合作。商业孵化器在创新能力提升方面也发挥了重要作用。大德科学城内的技术商业孵化器分别是由政府、大学、研究机构和企业等建立,这些商业孵化器集聚了大量的科研和技术人员,成为推动研究开发和产品商业化的重要载体。2005年,《大德研发特区特别法》顺利通过,园区正式命名为大德研发特区(Daedeok Innopolis),成为国家创新体系的一部分,大德也更加注重对未来产业的培育和知识密集型高新技术企业的打造。为了促进企业创新，加快形成鼓励创新、宽容失败的创新生态，大田不仅在金融支持、税收优惠、政府采购等方面让创新型企业享受到政策优惠和激励，同时注重加强前期政策宣传培训，以及后期政策评估督促，切实形成政策有效落实的长效机制。

二 文化创意主导型创新型城市建设

（一）"文化主导模式"——英国伦敦

伦敦依靠自身深厚的科技创新实力、开放包容的国际化人文环境和高效的科技创新体系，成功汇聚了全球顶尖高校和科研机构，以及来自全球各地的科技精英，打造的"知识（服务）+创意（文化）+市场（枢纽）"模式成为创新推动城市可持续发展的榜样。根据美国研究公司 Startup Genome 发布的关于全球创新创业生态系统的报告，2012 年首次发布排名时，伦敦只排在第八位，至 2021 年已经成为仅次于硅谷的全球第二科技创业之都，这得益于伦敦在文化、金融、科技、教育等方面的显著优势。作为全球领先的文化之都，伦敦将文化创意产业置于城市发展战略的核心位置。2018 年 12 月，《面向所有伦敦人的文化：伦敦市长的文化战略》由伦敦市政府颁布实施，提出了四方面的目标愿景，包括爱伦敦、文化与优质增长、富有创意的伦敦人、世界城市，未来要打造成为全球文化创意引擎。《伦敦经济发展战略》更是将文化与创意产业列为 7 个重点发展产业门类之一，并提出了 8 项具体的行动。《大伦敦规划》提出了保护伦敦的文化遗产与设施、支持提供可负担的创意工作空间、创意劳动力的多样性和包容性、促进夜间经济发展，实现伦敦 24 小时城市的愿景等具体举措。东伦敦城曾经是废弃的重工业贫民区，通过文化复兴和城市更新行动，充分发挥伦敦帝国理工学院、伦敦大学、剑桥大学、牛津大学在应用数学、计算机科学和机器学习等领域的科研优势和创新人才优势，目前已成为科技、数字和创意产业的集聚高地，吸引来了谷歌、脸书、英特尔、思科等国际高科技企业落地。伴随科技巨头纷纷在此设立投资机构，东伦敦城也成了欧洲成长最快的科技枢纽，更是被称为"欧洲的科技硅谷"，持续引领产业创新与数字化转型浪潮。

（二）"创意主导模式"——日本京都

日本是以"创意城市"引导城市转型的典型案例，尤其是 2004 年以来，京都通过吸引创意人才、促进文化传播、打造创意文化生态等，加速了创意产业的快速发展，以京都站地区为核心的创意产业集聚格局逐渐形成。根据世界银行京都发展学习中心（World Bank Tokyo Development Learning Center）2021 年发布的《创意京都：用创意促进城市竞争力提升和包容性城市更新》显示，通过创意空间的打造，京都创新企业加速集聚，占民营企业数量 16%—18% 的创意企业所创造的就业岗位占到了 10%—12%，在日本经济发展中占有重要地位。根据世界银行东京发展学习中心的分析，京都着重营造三种类别的创意空间，分别发挥催化剂、放大器和助推者的作用。其中，催化剂指创意产业发展的引领者，对创意企业、人才等进行组织管理。如 FabCafe 不仅是咖啡屋，更是通过提供科技感十足的创意体验，成为全球知名的公共实验室。放大器主要发挥促进传统文化产业转化为创意资本的作用。助推者通过文化创意产品的展示，致力于对文化创意氛围的营造。通过角色的划分和功能定位，京都政府进一步明确工作的重点任务和目标，出台了一系列配套支持政策，如支持具有催化剂作用的头部企业发展的京都创意人工作室财政支持计划，扩大头部企业对创意社区建设的影响力和引领作用。通过战略性引导京都艺术大学的重新选址、开设京都梅小路站（Umekoji Kyoto Nishi Station）、整修梅小路公园（Umekoji Park）等，提高社区的宜居性和可达性，吸引更多的创意项目和创意企业。重视打造多元化的创意空间，不仅集聚咖啡馆、画廊、书店等创意元素，满足不同的创意需求，同时汇集孵化器、中介服务等创意平台和创意资金，形成具有活力的创新创意生态系统。随着创意氛围的营造，创意内容不断丰富，逐渐实现城市文化空间转型，促进了城市再生与振兴。

（三）"知识创新模式"——美国波士顿

美国波士顿是典型的知识主导的创新型城市，拥有包括麻省理工学院、哈佛大学等在内的 30 多所高校，高校云集、创新人才集聚，丰富的创新实践经验和深入人心的创新文化使波士顿的科研氛围胜过商业色彩。结合自身特点和城市创新战略，波士顿积极推进政府、科研机构、风投、创新型企业的协同发展，构筑了多元主体相互串联的创新生态系统。不仅培育出浓厚的创新创业氛围，更实现了科技创新和城市转型的完美结合，持续巩固其作为全球创新标杆城市的领先地位。美国领先的创新城市。2010年，波士顿启动"创新波士顿"战略，创新正式成为城市发展战略，也是美国第一个由官方发起的创新区建设。波士顿能成为影响全球的创新发源地，得益于政府在城市创新空间打造、创新政策、资金、税收等方面的大力引导和支持，云集的高校和科研机构资源是创新城市建设的重要基础，波士顿拥有美国联邦研究基金排名前十位的六家医院，为创新合作和成果转化提供了先决条件。同时，波士顿是美国第三大金融中心和全美最大的基金管理中心，诸多顶级的风投公司为创新研究和产业转化提供了资本支撑。良好的创新生态系统吸引了大量全球顶尖的创新型企业，辉瑞、诺华等巨头药企的落地进一步引领了波士顿生命科学领域的未来产业方向，吸引更多的创新型企业、创新人才、风投公司等创新要素，形成了创新生态的良性循环。

三 产业转型主导型创新型城市建设

（一）"金融创新模式"——美国纽约

纽约是美国的经济中心、金融中心和商业中心，也是世界三大金融中心之一。作为老牌的全球城市，纽约是美国人口最多、密度最大的城市。纽约崛起于电力与重工业的产业革命时期，从前工业化时代的港口城市、制造业中心，到工业革命后美国最大的商贸中心，并发展为国际性的金融、贸易和信息中心，创新在其中发挥了重要的作用。纽约拥有世界一流的高等院校、科研机构和高层次的创新人才，以科技创新带动城市复兴的路径非常典型。以金融服务业为主的生产性服务业逐渐取代传统制造业，成为引领纽约经济发展的驱动力。为了保障服务业尤其是生产性服务业快速发展，美国政府颁布实施了一系列综合性和专项的政府法律法规，充分发挥技术、人才、资金等比较优势，强化专业人才培养，满足企业发展需求。20世纪80年代，纽约的制造业就业人数减少了26.7万人，下降了35%，与此同时，商务、商业等服务业的就业人口数量增加显著，2000年服务业解决了纽约81.7%的就业人口。纽约形成了全球最完备的"金字塔"形的证券市场，创造了一个能处理巨大证券交易量的市场空间。根据美联储2022年度报告显示，全美外资银行资产总规模为2.97万亿美元,其中纽约达到2.58万亿美元,占比高达86.9%。在美联储监管的168家外资银行中,约三分之二(111家)集中在纽约,不仅确立了纽约在全美外资银行布局中的绝对主导地位,更使其成为全球最具影响力的国际银行枢纽之一。诸多金融科技企业的集聚为"应用科学"计划、"众创空间"计划等一系列科技创新计划提供了坚实的资金支持。

(二)"服务创新模式"——日本东京

东京一直是工业转型的典范城市,在首都功能、港口优势、教育资源等多重效应叠加影响下,日本东京不仅实现了传统制造的完美转型,逐渐成为知识和技术密集型产业集聚区,而且成为全球重要的金融、研发和消费中心。根据《2022国际大都市科技创新能力评价》,目前,东京拥有全国17.6%的大学、25.9%的大学生,聚集了日本15.8%的自然科学研究机构,成为日本科教资源最为集中的城市。东京科技创新的快速发展与生产性服务业推动的城市全面转型有密切的关联。19世纪90年代以来,金融资本的全球流动加快了日本的产业转型,东京产业布局发生了重大转变,东京中心城区重点布局高附加值、高成长性的服务性行业、奢侈品生产和出版印刷业,成为日本最大的金融、政治、商业、管理、文化中心。与纽约、芝加哥不同,东京在现代服务业迅速发展的同时,并没有减弱制造业的地位,而是积极推动制造业的转型升级,重点发展知识密集型的"高精尖新"制造业,实现了制造业的高端化。东京能够实现制造业的转型升级,得益于重视外来技术的引进吸收、自身精益生产理念和工匠精神的锤炼,以及与制造业密切关联的优质高效、发展完善的生产性服务业。基于之前设立的"服务科学"和"服务工学",为了将这两门学科的方法和服务业创新相结合,日本政府相继成立了服务于这两门学科的研究小组、服务工学研究中心,并举办相关研讨会,以探讨和解决各种社会问题为导向,强化和推进零售、金融等服务领域的学术交流和技术合作。2010年开始实施的"问题解决型服务科学研发"计划,更是致力于构建"服务科学"的理论基础和研究框架。同时,日本服务业的创新发展也离不开政府政策支持,通过实施"服务创新人才培育计划"、制定《新企业法》等举措,从人才、资金、技术、服务贸易等多方面提出服务业创新效率和质量提升的具体举措。

(三) "产业创新模式"——德国慕尼黑

慕尼黑坐拥前阿尔卑斯山地区优雅迷人的环境和风光,在世界城市规模体系中,其面积和人口密度都不是很大,但慕尼黑都市圈以占巴伐利亚州1/3的面积创造了1/2的经济产出,成为欧洲最有活力和多元化的都市经济体,在中等规模的全球城市体系中,成为经济全球化和创新型城市建设的代表。慕尼黑高科技工业园成立于1984年,集聚了西门子、宝马、安联保险公司等品牌总部,是德国电子、微电子和机电方面的研究与开发中心。慕尼黑高科技产业的快速发展,不仅得益于慕尼黑大学、慕尼黑工业大学、慕尼黑理工大学、迈克斯普朗克等离子研究所、辐射与环境研究会等高校和科研院所的前沿科技成果和高端人才供给,同时,完善的职业教育机构和校企结合的教育模式所提供的大量高素质技能人才也是"德国制造"闻名全球的重要保障。慕尼黑的创新体系构建中十分重视政产学研紧密结合,在技术研发方面,由大学、科研机构和企业共同参与的行业协会发挥了重要的作用。对于个性问题,大学教授可以与企业共同向政府申请科研计划;针对行业共性技术问题,行业协会注重与相关企业联合攻关,分摊科研经费。大学教授只要向有关部门申请就可以到企业兼职兼薪,也可以兼职开办公司。同时,德国科技企业根据市场需求可以提出校企合作计划,并提供全部资金,由大学负责研发,而企业负责测试成果并与大学一起将产品推向市场,其具体表现为在大学和企业之间建立知识共享中心(Centers of Knowledge Interexchange),推动资金与知识之间的相互转化。例如西门子公司和慕尼黑大学、慕尼黑工业大学合作启动一系列自动化与数字化研究项目,利用大学的优势进行跨学科研究,而研究结果通过知识共享中心被纳入西门子产品组合,并做上市准备。

四　创新型城市建设的经验与启示

(一) 合力谋定城市创新发展方略

一座城市矢志创新,不仅需要科学地作出目标定位,也需要合理地谋划发展方略,目标明确、路径清晰是城市创新发展可持续的保证。不同城市存在经济发展水平、创新资源禀赋、产业结构、城市环境、人才体系等方面的差异,因此在选择创新城市发展模式时,应当综合考虑城市发展现状及未来预期,根据地方差异和城市不同发展水平,因地制宜选择适合本城市的创新发展模式。随着创新在城市发展中的地位愈发重要,要积极发挥政府主动性,依据城市资源禀赋特征,努力营造良好的制度环境,以此推进创新型城市建设。同时,要围绕产业链、供应链布局创新链,将优势创新要素放在提升产业链创新价值、区域创新能力和拓展全要素创新空间、激发全社会创新活力等方面,实现创新资源和创新要素的高效聚集和合理配置。

(二)精准谋划产业发展重点领域

在全球和区域竞争的背景下,推动城市创新发展尤其要注重比较优势的发挥,突出重点领域,形成头部效应。中国过去参与全球价值链分工主要依赖于劳动力和资源禀赋的比较优势,通过引进跨国公司的资本、技术、管理等要素,以加工贸易、代工贴牌等方式嵌入全球价值链。随着人工智能、数字制造等新技术的突破和广泛应用,以及劳动力和土地成本大幅度上升,资源环境约束趋紧,在强化发达国家比较优势的同时,也在削弱中国传统低端要素的比较优势。处于价值链低端的加工制造环节、核心技术和关键技术环节上比较薄弱,缺少全球品牌等问题逐渐显现出来。长期对国外技术的依赖导致部分产业和技术受制于人,降低了中国在国际市场以及全球价值链体系中的话语权和影响力。要通过技术创新和产业创新互动促进产业升级和价值链攀升,进一步促进知识、技术、资本等创新要素自由流动和深度融合,不断提高资源配置效率,提升产业结构的合理化和高级化水平,从而促进经济增长方式的转变和增长效率提升。新一代信息技术引领技术迭代和数字经济的快速发展,世界级城市群纷纷瞄准世界科技前沿领域和顶级水平,加快布局人工智能、量子信息、物联网、高端医疗等未来新兴产业领域。

(三)鼓励和尊重企业创新主体地位

习近平总书记强调:"要增强企业创新动力,正向激励企业创新,反向倒逼企业创新。""要发挥企业出题者作用,加快构建龙头企业牵头、高校院所支撑、各创新主体相互协同的创新联合体。"[①] 作为重要

---

① 习近平:《在中国科学院第二十次院士大会、中国工程院第十五次院士大会、中国科协第十次全国代表大会上的讲话》,人民出版社2021年版,第10页。

的产业主体和市场主体，企业也是创新的重要策源地和中坚力量。从城市创新发展案例中不难发现城市要创新发展，需要汇聚和依托一定量级和规模的创新企业，活跃的企业创新活动可以为城市导入源源不断的动力。因此，尊重企业创新主体地位、激励企业的创新行为，是一座城市推动创新发展重要而有效的途径。通过构建有利于企业创新的制度环境、市场环境和人才环境，不仅能够培育出具有核心竞争力的创新型企业集群，更能形成创新要素高效流动、创新成果持续涌现的良性生态，从而促进城市高质量发展。强化企业创新主体地位，让企业发挥更大的能动作用，积极探索"企业出题、科研机构答题"的新模式，不断完善高效强大的共性技术支撑体系。通过产学研合作，打通科技创新转化渠道，为实施创新驱动发展战略、建设创新型国家、实现科技自立自强提供有力支撑。

（四）重视创新型人才培养和储备

创新型城市建设离不开人才的支撑，人才资源作为创新生态系统的首要战略要素，其集聚与激活程度直接决定着城市创新能级。在创新驱动发展战略纵深推进的背景下，"人才引领发展"已成为城市竞争的共识。一方面，优质高等教育与科研机构构成城市创新的人才基石。国际经验表明，全球领先的创新城市普遍拥有密集的高校集群和顶尖研究机构，形成了人才培育与产业创新的良性循环。另一方面，对于科教资源相对有限的城市，构建开放包容的人才集聚机制同样能实现创新突围。

（五）健全和强化金融服务驱动作用

金融是现代社会经济发展的"活水"，金融资本在打造"基础研究＋产品开发＋商业应用"多层次全流程创新体系中更是发挥着至关重要的作用。从城市创新发展的经验来看，创新型城市发展取得显著成效的地区也是全球顶尖银行、证券、保险等金融巨头集聚的区域，通过打造门类齐全的金融全产业链，有效促进产业链、创新链、资金链各个环节的统筹规划，将金融资本集聚、金融市场发达的比较优势和产业优势有效结合，形成良性互动和同频共振。推动传统金融机构转型发展、引导新型金融机构稳健发展，促进创新企业与银行、创投公司、证券公司等金融服务机构融合发展，完善金融支持科技创新的新机制，加快金融推动城市实现全面的创新驱动。

(六) 营造和优化创新创业生态环境

城市的创新活力与核心竞争力,从来不是政府规划布局出来的,而是在激烈的市场竞争中逐步锻造的。在全球创新版图加速重构的关键时期,城市创新能力的培育本质上是要营造富有生命力的创新环境,其核心在于构建具有自组织、自适应特征的创新生态。这要求我们必须把握创新生态构建的基本规律,既要培育多元共生的创新"物种群",又要营造适宜创新、鼓励创新的制度"气候带",更要打通要素流动的循环"营养链"。

第三节 新时代创新型城市建设的战略方向

互联网的广泛普及、数字化新场景的出现引领创新范式的变革与升级,5G、人工智能、大数据、物联网和区块链等数字科技的蓬勃发展使产业边界更加模糊、产业形态更加多元、产业融合不断加快,新产业新业态层出不穷。面对新一轮科技革命所带来的不确定性,全球主要城市都在加速争夺全球高端创新要素资源,争先布局科技创新前沿领域,加速构建面向未来的科技创新体系,以期在全球价值链重构中占据有利位置。

一 产业技术创新与未来产业发展

随着科技和产业革命正在由导入期转向拓展期,科技创新更加注重由点及面的全面创新和"技术—市场"的同步创新,颠覆性技术的多源爆发和交汇叠加,催生了大量的新产业、新业态和新模式,形成了庞大的未来产业体系,加快布局未来产业已然成为主要发达国家和地区保持全面竞争优势的重要战略。未来产业是依托于颠覆性技术的突破及其产业化而兴起的产业,其发展将帮助我们不断突破认知极限和物理极限,不仅可以更好地满足人们的现有需求,还将创造新的应用场景和新消费需求。欧美日等发达国家和地区早已开始布局未来产业,国内一些先进城市也将未来产业作为"十四五"抢占发展制高点的重要领域。

（一）注重战略规划引领，明确产业主攻方向

一是以新技术催生新兴产业的发展。特朗普政府特别重视新兴技术研究，2019年发布了《美国将主导未来产业》，未来产业成为国家战略，凸显了联邦政府推动新技术发展的重要理念和决心，并明确先进制造业、人工智能、量子信息科学和5G通信技术等领域。德国将未来产业作为摆脱新冠肺炎危机、刺激经济发展的重要途径，确定了药物和疫苗、电动汽车、氢能、数字化和通信、人工智能和量子五大领域。上海发布《上海市战略性新兴产业和先导产业发展"十四五"规划》，重点布局光子芯片与器件、基因与细胞技术、类脑智能、新型海洋经济、氢能与储能、第六代移动通信等未来产业。二是以新技术促进传统产业迭代升级。以5G、人工智能、大数据等新兴技术加快传统产业变革形成未来产业。2021年美国《NSF未来法案》提出在量子信息科学、人工智能、超级计算、网络安全和先进制造等领域的领先地位，其中的先进制造业领域着重强调先进技术对传统制造业的升级。杭州率先提出布局新一代信息通信技术、物联网、人工智能、虚拟现实、量子技术等领域，也主要是基于信息经济的先发优势。

（二）注重政府市场协同，培育多元参与主体

一是建立未来产业孵化与加速机制。美国提出建立未来产业研究所，作为美国版的"新型研发机构"，成为促进美国国家科研生态系统融合协同的重要载体。法国通过设立技术转移公司、成果转化基金、创新示范项目等，畅通创新要素流通。上海超算中心与市北高新公司共同打造了大数据产业孵化基地，致力于打造成为"创业苗圃+孵化器+加速器"的全生命周期大数据孵化体。杭州通过打造网上技术市场3.0版和"浙江拍"品牌，不断完善全国技术交易体系，提升科技成果转移转化效率。二是形成产学研合作新模式。美国积极统筹协调政府各方力量，与企业、科研院所等建立伙伴关系，政府部门、国际实验室、大学等形成明确分工，根据自身优势资源，分别提供用地和资金、基础设施、创新人才和数据资源等，通过新型的产学研合作模式，促进创新资源的优化配置。英国也十分重视与企业合作，通过共建研究机构，共建基础设施，共同培养人才，促进科技成果转化。深圳在航空航天领域、人工智能领域分别与航天科技集团、汤商科技等成立研究院，加快高科

技领域的研发应用进程。深圳和中科院、香港中文大学三方共建深圳先进院,作为新型研发机构,在智能机器人领域,建立"头雁引领群雁飞"的产业生态,不断完善"基础研究—应用研究—产业开发运用"的线性逻辑;在生物医学领域,建立了"需求方出题、科技界答题"新机制,形成不同创新主体共同参与的共性技术供给体系;在生命科学领域,探索了"0—1—10"纵向融通重构和"10—∞"横向跨界整合的"蝴蝶模式"。三是突出企业的创新主体地位。德国、荷兰、印度等国家充分发挥本国"隐形冠军"企业的技术竞争优势,在集成电路、新型显示关键材料、基因学/遗传学疫苗研发方面表现出了突出优势,强化了在关键技术环节的话语权。深圳聚集了众多全国领先的未来产业企业,如南山的国微电子、大疆、中兴、华为等企业,宝安的中集天达、航盛电子、华成工业等企业,形成了航空航天、卫星制造与应用、可穿戴设备、机器人等领域集聚优势。

(三)注重创新要素集聚,持续加大支持力度

一是重视新型人才培养。美国十分重视为未来产业人才提供培训和教育机会,拜登政府投入150亿美元用于建立200个"英才中心"的初创公司孵化器,以及研究生奖学金。日本出台《面向社会5.0的人才培养——社会在变化、学习也在变化》报告书,着重培育"社会5.0"所必需的跨领域科技人才。杭州提出了"一事一议"政策,就是为了满足未来产业领域顶尖人才和团队的精准需求。二是重视资金投入多元化。美国拿出350亿美元用于新能源、量子计算、气候项目、医药卫生、人工智能等技术开发。在韩国和俄罗斯的未来产业发展计划中均提出使用政府和社会资本合作(PPP)模式,由政府和企业共同制定未来产业发展策略。深圳为了支持未来产业发展,设立了未来产业发展专项资金,每年投入10亿元。三是重视创新基础设施建设。美国政府投资400亿美元用于联邦实验室和大学实验中心等研究设施升级改造。日本积极推进通用基础系统相关技术开发,加强"社会5.0"服务平台建设和基础技术研究。北京重视布局大科学基础设施,已经拥有了超算中心、全球算力500强的超级计算机等大科学装置支撑。

(四)注重体制机制创新,破解堵点痛点问题

一是组建专门机构统筹未来产业发展。2020年,美国发布《关于

加强美国在未来产业中领导地位的建议》，其中首次提出未来产业研发联合体的构想，致力于打造一个集聚政府、学界、企业等多元主体合作的创新生态体系。杭州成立了市级层面的信息经济和智慧经济发展工作领导小组，并组建未来产业专家委员会，不断完善未来产业发展顶层设计。二是创新产业监管方式。日本通过推进规制改革和简化行政程序等手段，在国家战略特区积极推进先行先试和事后监管创新。韩国推出负面清单制度和金融科技的"监管沙盒"制度等，放松对新产业监管的同时，也为未来产业发展提供更多"安全空间"。三是完善未来产业发展长效机制。《深圳市科技创新"十四五"规划》提出八大未来产业，并根据产业特点提出分时序分阶段发展规划。其中"合成生物、区块链、细胞与基因、空天技术等5—10年内有望成长为战略性新兴产业；脑科学与类脑智能、深地深海、可见光通信与光计算、量子信息等未来产业10—15年有望成长为战略性新兴产业"。

二 企业创新升级与数字转型赋能

新一代信息技术更新迭代，催发了以数字技术为引领的新模式、新业态，也为传统产业的转型升级带来了新契机，根据中国信通院《中国数字经济发展白皮书（2022年）》显示，2021年我国数字经济规模达到45.5万亿元，同比名义增长16.2%，其中产业数字化规模达到37.18万亿元，占数字经济比重达81.7%。在新冠疫情以及国内外等不确定因素的挑战下，数字经济已成为中国企业创新发展的新动能。尤其是企业的数字化转型不仅成为数字经济发展的重要支撑，更成为新冠疫情后期带动经济持续稳定增长的关键引擎。一方面，疫情时代加速了数字化转型的需求，数字基础设施建设的不断完善和数字化新工具的应用推广，助推了企业数字化转型的步伐；另一方面，一批数字技术新业态不断涌现，传统企业维持原有的竞争优势愈发艰难，加快数字化转型成为企业可持续发展的必然选择。根据2021年《财富》世界500强排行榜，以美的、华为、广汽为代表的数字化转型比较成功的企业排名稳定上升，而房地产以及传统家居行业的增长在放缓。较之上一年，华为由第49位升至第44位，美的从第307位跃升至第288位，海尔智家股份有限公司由第435位上升至第405位，广汽集团排名第176位，上升30名。

(一) 企业供应链体系向柔性化协同性转变

当前我国的外部环境正在发生深刻变化，国际经济形势日趋复杂，提高经济的安全性至关重要。新冠疫情的暴发和全球蔓延，进一步凸显了经济安全的重要性。传统的线性固化的供应链组织模式已经无法适应复杂多变的国际环境，需要构建起拥有快速响应能力，能够有效整合上下游企业，更好地应对复杂多变的国内外经济形势的供应链体系。当前，国内的一些企业借助 5G + 工业互联网、数字孪生、边缘计算、AI 等先进数字化技术的广泛应用，在生产过程中实现了人、设备、物料、工艺等各要素的柔性融合。以互联网系统打通生产数据流，以数据驱动生产过程实时感知和动态优化，促进了企业生产体系由大规模制造向小批量、个性化的转型，实现工艺和制造的柔性切换及生产管理智能决策。同时，通过构建工业互联网平台，链主企业可以突破时空界限在更大范围内建立起网络状的供应链体系，在数据的开放共享、互通互联下，实现上下游的高度协同，从而促进和提高了企业供应链的畅通和整体效率，也提升了供应链韧性和应对风险的能力。

富士康集团将物与物、机器与机器的互联作为数字化转型的着力点，打造柔性化生产体系，2020 年新冠疫情防控期间，富士康集团凭借超强的跨领域柔性智造生产能力，72 小时内就在深圳龙华园区导入了口罩生产线并顺利试产，实现口罩设备全自制，当月即实现超 400 万只口罩的出货量。广西柳工有限公司通过工业互联网平台的建设，实现了对上下游上千家企业的有效整合。公司围绕研发、销售、采购、生产、仓储、物流、财务等业务，将企业生产运营分为设计云、经营管理云、智能生产云、供应链协同云、大数据分析云、供应链金融云等 11 个 "云模块"，实现了从产品研发到采购协同，从生产计划到生产职能，从整机销售到市场服务，横向纵向贯通的全价值链、全产业链的协同发展，大大提高了供应链的协同性和及时应对性。

(二) 企业创新方式向一体化价值共创转变

数字经济时代，创新流程正在由以企业为主导，向引导消费者共同参与并推动生产要素逆向整合的方向转变。一方面，新一轮技术经济范式变革正在改变大规模标准化生产的经济合理性，范围经济超过规模经济成为企业的优先竞争策略。供需双方信息不对称的问题得到极大改善,消费者参与度和话语权不断增强,"用户导向""小规模""个性化定制"正在取代"生产导向""大规模""标准化生产"成为主导方向。企业基于互联网直接采集对接用户需求,并对需求数据进行深度挖掘和实时感知,从而引导消费者深度参与产品研发、生产制造、营销及服务等,以下游的消费需求倒逼上游的产品创新。另一方面,数字技术的广泛应用,推动了供应链的信息畅通,企业基于数字孪生、知识图谱、深度学习等关键共性技术的使用,建立起以生产企业、运营商、用户等多元创新主体共同参与的、基于数据驱动的协同创新网络,促进行业经验、基础工艺、生产流程等行业技术的数字化和价值再造,缩短了新技术产品从研发实验到产业化的周期。

美的集团在2017年设立了首家用户体验创新实验室,后又建立美的品牌和用户战略中心(CBS),基于9000万用户、1200万社交和500万电商大数据,重点研究消费者生活方式、产品趋势和用户需求,实现了从工程师思维到用户导向的创新转变。徐工集团通过制造集团级的标准件和通用件、共享产品三维模型和标准知识库,实现了机电、液压、传动和整机之间的联动设计,改变了过去不同企业和环节间反馈速度慢、反复核对工序烦琐等问题,大大提高了生产设计的效率。海尔智家构建的"10+N"全球开放创新体系,实现了用户与全球上百万创新资源之间的零距离交互,通过将各领域、各行业、各品类合作伙伴链入智家体验云平台,构建共创共赢共享的创新生态系统,实现了从单品到场景、从空间到全屋的迭代升级。

(三)企业组织架构向扁平化自组织模式转变

数字技术构建的信息交互方式更加及时、精准、充分,引发产业组织在管理、流程、机制等方面的深刻变化,促进了企业价值创造由线性向网络化、平台化模式的转变。同时市场环境中的各种不确定性增加,也要求企业走向基于数字孪生的"模拟择优"。数字化转型成功的企业正在打破过去自上而下的"金字塔"式的垂直管理结构,通过去中心化、管理放权和个体赋能,形成扁平化和柔性化的组织架构。这种"联合舰队式"的组织架构包含若干柔性动态的微型经济体,各功能模块和节点有机衔接,共同组成一个价值网络系统。基于市场变化和任务需求灵活建立的工作团队,使员工从由上而下、等级分明的被动执行者转变为自发主动的价值创造者，实现对客户需求的实时响应。

海尔从1998年开始着手企业内部结构和流程再造，从开始逐渐实现用户零距离、产品零库存和营运零资本的"三零"目标，到后期积极探索"人单合一"创新模式，实现了小微企业模式、"倒三角"组织创新、"端到端"自主经营体的建设，完成了由强中心的直线职能型组织结构向重市场链的流程型网络体系结构转变。华为则通过总结从发现市场机会到最终交付客户所需要的"一线角色类型"，形成了包括客户经理、产品经理和交付经理三类角色的"铁三角"模式，用最少的人员配比快速响应客户决策链不同角色的需求，并有效降低了一线人员流动带来的各种风险。

（四）企业员工管理模式向灵活性"共享员工"转变

数字经济时代，传统的组织边界正在被打破，企业更加关注员工的工作能力和专业技能，可以根据市场变化和业务需求调整劳动关系，灵活调动人力资源。同时，员工的单位属性也在逐渐淡化，其不再受制于单位、职能和岗位，而是可以超越企业及空间边界进行自由流动，在多个职业和多重身份中切换。一方面，在企业内部，员工的自主权在不断增强，与企业的关系不再是简单的雇佣和被雇佣关系，更多的是合作伙伴关系，甚至是联盟关系。在合伙机制中，员工和企业形成了利益共同体的新型劳动关系。如海尔的"人单合一"模式。另一方面，"共享员工""灵活用工"成为行业跨界互助的一种新模式。人力资源数据平台的搭建，实现了员工的共享和供需双方的快速匹配，这种更加柔性灵活的用工方式，不仅满足了企业的用工需求，为企业节省了成本，也赋予了员工更大的自主权，在克服疫情影响、保障民生等方面也发挥了重大作用，智能化、专业化、灵活化的用工格局已成为企业人才管理的新趋势。

新冠疫情防控期间，以盒马鲜生为代表的生鲜电商企业与线下传统餐饮企业成功合作推出了"共享员工"模式，接纳了来自西贝、云海肴、大众出行等40多家企业超过5000名的"共享员工"。保障员工稳定收入的同时，既降低了合作企业成本，也缓解了盒马自身人力稀缺的压力，实现了企业共创共赢。我国的一些城市也在积极探索"共享员工"的发展试点。东莞市在广东省率先制定了企业用工余缺调剂指引，制定了"共享员工"措施，开发上线"共享员工信息平台"，并探索出

"税收数据+专员"的服务模式。合肥经济技术开发区延续新冠疫情暴发初期的做法，成立了共享用工联盟，结合区域内不同行业企业用工特点，通过"共享员工"的方式协调人力资源，满足企业的人力需求。

三 创新驱动发展与全球城市转型

进入21世纪以来，世界经济秩序经历深度调整。伴随着信息技术的快速发展和知识经济时代的到来，全球范围的城市发展在从以制造业为中心向结构轻型化和经济服务化转变的同时，更加注重向知识信息控制节点升级，创新日益成为全球城市发展的主要动力。

（一）创新成为构筑城市与区域增长的重要引擎

随着创新资源在世界范围内加速流动，城市职能不再是工业社会的生产与交易中心，而是向知识经济下的知识和创新中心转变。城市对于知识、技术、人才等创新要素的集聚和吸引力变得更加重要，全球经济进入创新竞争阶段，"创新型城市"（Innovative City）作为全新的发展理念和城市发展模式，正在成为众多先发城市提升城市竞争力的共同选择。全球各大城市凭借其在科技、人才和制度等方面的先天优势，在继续聚拢全球经济流量的基础上，纷纷加快抢占全球创新高地的步伐。以美国推出"工业互联网"战略、德国实施"工业4.0"战略、中国推动"中国制造2025"战略出炉等为标志，新一轮科技革命突飞猛进。尤其是2008年金融危机以来，传统依托于要素和投资驱动的发展模式难以为继，创新发展开始成为不同城市和地区在新一轮全球经济竞争中的战略选择。伦敦2003年就发布《伦敦创新战略与行动计划》，并实施"迷你硅谷"计划，旨在建立"世界领先的知识经济"。以色列特拉维夫通过打造良好的创新生态系统，为创新提供资金、市场等全方位支持，被誉为"欧洲创新领导者""仅次于硅谷的创业圣地"。巴黎打造"多功能、多中心"城市空间格局，确保构筑巴黎大区科研和创新系统网络，以实现"21世纪的全球吸引力"的目标，不断增强创新和服务竞争力。纽约2009年开始反思过度依赖金融服务业的发展战略，积极借鉴硅谷和以色列经济增长经验，率先提出建设"全球科技创新中心"的目标，吸引了谷歌、雅虎、亚马逊等高技术行业，高技术企业数量和高技术从业人数快速增加。

（二）科技创新、文化创意等高端功能正成为城市新的增长空间

随着全球范围内的竞争从要素竞争进入创新竞争阶段，全球层面的创新结构和经济结构加快重构。尤其是进入 21 世纪以来，城市经济形态呈现出由传统工业向高新技术产业、由制造向智造转变，城市功能也在发生范式变革，传统的制造服务功能不断弱化，以信息、技术、知识和文化为主的创新功能开始占据主导。随着地缘上人才、技术和资本等创新资源流动性增强，越来越多的城市在加快融入全球创新网络的同时，城市和地区之间的创新差异也在逐渐加大。新城市社会学领军人物之一的理查德·弗罗里达（Richard Florida）曾提出"世界是尖的"，即创新只发生在少数几个地区。在具有差序格局特征的世界创新网络体系中，创新资源集聚和创新能力强的城市成为重要的中心和节点。由布鲁金斯学会和摩根大通联合发布的《重新定义全球城市：全球大都市经济的七种类型》（Redefining Global Cities: The Seven Types of Global Metro Economies）提出，纽约、伦敦等"全球巨头"（Global Giants）的知识创新作用显得尤为重要，不仅教育水平、专利获得率排名靠前，更是孵化创业的温床，成为"全球人才、资本和知识流动的关键节点"，是世界上财富、企业决策和国际交流最集中的区域。

（三）全球创新格局的扁平化趋势愈发明显

一方面，在新一轮城市竞争中，科技引领能力和原始创新能力决定了城市在全球创新网络中的节点位置和全球治理体系中的话语权。嵌入全球城市创新网络，并占据网络核心位置成为城市和区域摆脱锁定陷阱的有效途径。[1] 随着创新主体构成、创新活动范围、创新资源配置的国际化程度越来越高，全球生产网络逐渐向全球创新网络演变，积极融入全球创新网络对不同区域创新活动产生越来越重要的影响，全球创新网络评价也成为城市和区域创新能力的重要体现。如澳大利亚智库"2thinknow"的全球创新城市指数（Innovation Cities Index）、全球创新指数（GII）、全球创新热图（McKinsey Innovation Heat Map）等都是全

---

[1] Bathelt H., Malmberg A., Maskell P., "Clusters and Knowledge: Local Buzz, Global Pipelines and the Process of Knowledge Creation", *Progress in Human Geography*, 2004, 28 (1): pp. 31 – 56.

球创新网络评价的重要代表。另一方面，全球创新格局的扁平化趋势也愈发明显，主要表现为两个方面：一是全球创新网络格局中，亚太地区特别是东亚地区的科技创新城市正在加速崛起，随着中国、印度等金砖国家的快速发展，全球高端生产要素和创新要素出现了由西向东演替。二是在全球创新集群内部，除了那些长期占据金字塔顶尖的老牌创新型城市，一批具有鲜明特色的新兴创新城市，凭借其差异化的科技创新路径和独特的文化氛围，正在全球创新网络格局中崭露头角。如"世界现场音乐之都"奥斯汀、"音乐之城"纳什维尔、"世界音乐之都"维也纳等城市通过打造富有个性的城市文化和创新创意的城市环境，吸引了众多高科技企业和人才的集聚，带动了城市转型升级和创新发展。

第二章

全球创新网络与创新型城市评价

第一节 全球创新城市网络格局

一 全球创新网络的层级性特征

在全球化的产业组织变革和科技革命影响下,创新活动逐渐由封闭式向开放式、网络化的方向转变。尤其是产业链和价值链分工的不断细化、模块化,以及跨国公司外包战略的实施,推动了技术、人才等创新要素的跨境流动,不同区域的创新合作日益密切,全球生产网络(GPN)逐渐向全球创新网络(GINs)转变。世界知识产权组织发布的《2019年世界知识产权报告》就已经明确显示,全球创新活动合作日趋紧密,国际化程度日益提高,2017年由不同国家两名或两名以上研究人员共同开展科研合作比例从1998年的15%增至2017年的26%。Freeman最先开展了创新网络的研究,并认为创新网络是一种制度安排,企业间的创新合作关系是其基本联结机制。[1] Ernst 在创新网络基础上提出了"全球创新网络"的概念。他把全球创新网络看成一种全新的网络形态,企业通过跨边界、跨区域进行创新资源配置,完成研发活动。[2] 随着研究的深入,学者们开始从不同角度研究全球创新网络的构成要素和结构特征。Necoechea-Mondragón 等认为全球创新网络表现为

---

[1] Freeman, C., "Networks of Innovators: A Synthesis of Research Issues", *Research Policy*, 1991, 20 (5): pp. 499-514.

[2] Ernst D., "Innovation Offshoring: Root Causes of Asia's Rise and Policy Implications", *Economics Study Area Working Papers*, 2006, 129 (3): pp. 1093-1099.

全球性、网络性和创新性，对应了地域广度、网络范围和价值实现三个层面，不仅包含网络的要素主体，也关注了创新过程和价值获取。[①] 由于网络主体地位的不均等，全球创新网络的内部结构也并非一个绝对"平"的网络，具有一定的层级性。一方面，由发达国家跨国公司所推动的产业分工和创新行为的扩散是全球创新网络形成的主导力量；另一方面，国际环境、政策条件、科研教育资源、科技人才和科技企业等创新要素的地域差异，也决定了全球创新网络的层级性特征。《2019年世界知识产权报告》显示，创新合作有明显的地域差异，大多数集中在全球顶尖城市的核心区域，26%的国际合作发生在排名前十位的热点城市，这些热点地区包括旧金山—圣何塞、纽约、法兰克福、东京、波士顿、上海、伦敦、北京、班加罗尔和巴黎。

二 全球创新网络的节点城市地位

（一）2thinknow 与 "全球创新城市指数"

2thinknow 是 2006 年成立于澳大利亚墨尔本的一家咨询公司，现在已经成为一个为企业、政府等提供城市创新数据和数据分析的专业机构。自 2007 年起连续发布《全球创新城市指数 ICI（Innovation Cities Index）》，致力于用综合的指标对全球城市创新情况进行评价，不仅仅关注创新的产出和效果，同时注重去发掘更多具有基础创新能力的潜力城市。2007 年 4 月，2thinknow 在波士顿发布了第一批全球创新城市评价结果，包括维也纳、波士顿、巴黎、纽约等 8 个城市的排名，还包括了柏林、爱丁堡等 14 个值得关注的城市。2008 年城市数量增加到了 95 个，2009 年更是增到了 256 个城市，2010 年城市数量进一步增加到 289 个，并重点推出全球创新城市 T100 城市。2010 年以后创新城市的数据库在不断扩大，城市数量持续增加，T100 城市也在不断变化。随着创新全球化的趋势，更多的城市参与到全球创新网络中，2thinknow 更是发布了 "2021 全球创新城市指数" 500 强，包括东京、波士顿、纽约、

---

① Necoechea-Mondragón H., et al., "Critical Factors for Participation in Global Innovation Networks-Empirical Evidence from the Mexican Nanotechnology Sector", *Technological Forecasting & Social Change*, 2017 (1): pp. 293–312.

悉尼等城市。

从评级指标体系来看，包含3个核心要素（Factors），31个门类（Segments），162个指标（Indicators），1200个数据点（Data Points）。3个核心要素包括：一是文化资产（Cultural Assets），即创新的源头（如设计师、美术馆、体育运动、博物馆、舞蹈、大自然等）；二是创新所需要的基础设施（Human Infrastructure），如交通、大学、企业、风险投资、办公空间、政府、技术等；三是发生网络联系的环境（Networked Markets），这是创新所需要的基础条件（如区位、军事国防力量、相关实体的经济状况等）。31个门类分别是建筑历史与规划；艺术与文化；基础服务（包含水和食品的供应）；工商业；商贸与金融；文化交流（主要是旅行旅游）；外交与外贸；经济总体情况；教育、科学与大学；环境与自然；时装；餐饮业；地理；政府与政治；健康与医疗；工业与制造；信息、媒体与出版；劳工、就业与劳动力；法律与治理；物流、货运和港口；军事与国防；机动性、汽车、骑行与交通；音乐与表演；人与人口；公共安全；资源、矿产、油气；零售业；宗教；体育健身；初创公司与创业；技术与通信。从中可以看出，"全球创新城市指数"的评价指标体系不仅是经济、科技类的，而且更关注人文、文化类指标，指标涵盖的领域相当广泛。

通过指标的最终得分，2012—2013年"全球创新城市指数"中，总分改为60分制，2thinknow对城市进行分级评价，将全球创新城市分为五个等级，包括支配型城市（Nexus Cities）、枢纽型城市（Hub Cities）、节点型城市（Node Cities）、影响力城市（Influencer Cities）和潜力型城市（Upstart）。2016—2017年"全球创新城市指数"再次对城市层级的划分方法做了调整，将影响力城市（Influencer Cities）和潜力型城市（Upstart）进行了合并，共称为潜力型城市（Upstart），"全球创新城市指数"将全球城市划分为了四个等级。根据2021年的排名，第一等级支配型城市有38个，第二等级枢纽型城市有61个，第三等级节点型城市有300个，第四等级潜力型城市有101个。从城市的空间分布来看，支配型和枢纽型前两个等级的99个城市中，波士顿、纽约等美国城市有54个，占到了54.5%，印证了美国在全球创新城市网络体系中的重要作用。澳大利亚和中国（不含台湾地区）都有5个城市上榜，日本有4个城市上榜，德国有3个城市上榜，全球创新城市空间分布的差异性明显。

(二) 中国节点创新型城市的表现

随着中国创新环境的不断优化，整体创新实力明显提升，越来越多的城市进入"全球创新城市指数"T500的行列。2015年，中国（包含港澳台地区）上榜城市26个，2019年增加到了44个，2021年也是44个城市上榜，其中港澳台城市6个，大陆城市38个，城市的整体排名较2019年有大幅度提升，均在400强以内。上海（15名）、北京（19名）、台北（23名）、深圳（26名）、香港（49名）、广州（51名）、宁波（151名）、重庆（176名）、天津（177名）、苏州（178名）排在了前十位。进入前200强的还有南京、成都、杭州、厦门、无锡等城市。西安、温州、福州、东莞、南宁、南通、太原、泉州、大连、青岛、沈阳、扬州、南昌、昆明、哈尔滨、中山、佛山均在300强以内。珠海、长春、合肥、济南、烟台、郑州、汕头、武汉均在400强以内。从城市的名次变化来看，西安、无锡、成都、南宁、太原、福州等城市上升比较明显，都超过了100个名次。前十名的城市中，宁波上升最明显，由2019年的第240名上升到2021年的第151名，重庆和天津分别由第237名和第242名上升到了第176名和第177名。唯一一个下降的城市是武汉，由2019年的第243名下降到了第358名（见表2-1）。

表2-1　　2021年"全球城市创新指数"中国城市名单

序号	城市	排名	升降	序号	城市	排名	升降
1	上海	15	18	7	宁波	151	89
2	北京	19	7	8	重庆	176	61
3	台北	23	21	9	天津	177	65
4	深圳	26	27	10	苏州	178	66
5	香港	49	7	11	南京	182	87
6	广州	51	23	12	成都	183	124

续表

序号	城市	排名	升降	序号	城市	排名	升降
13	高雄	186	108	29	沈阳	252	91
14	杭州	188	91	30	扬州	279	96
15	台南	190	142	31	南昌	281	84
16	厦门	193	115	32	昆明	283	79
17	无锡	195	135	33	哈尔滨	285	79
18	西安	214	145	34	澳门	287	94
19	温州	217	116	35	中山	288	111
20	福州	219	120	36	佛山	290	71
21	东莞	229	115	37	珠海	324	59
22	台中	237	104	38	长春	326	66
23	南宁	242	121	39	合肥	327	74
24	南通	244	116	40	济南	328	52
25	太原	245	121	41	烟台	330	80
26	泉州	247	108	42	郑州	331	51
27	大连	248	88	43	汕头	357	54
28	青岛	250	88	44	武汉	358	-115

说明："升降"一栏中负数表示下降，正数表示上升。

从城市层级分布来看（见表2-2），2012年以来，上海一直处于第一层级支配型城市，北京从2015年开始进入第一层级，深圳长期处于第二层级枢纽型城市，但在2021年上升为第一层级支配型城市，广州在2016年由第三层级上升为第二层级行列。南京也在2014年升级为第二层级枢纽型城市，但在2016—2017年排名中，南京又跌至第三层级节点型城市。杭州、成都跟南京的排名一直比较接近，在排名上旗鼓相当，苏州一直在第三层级，但从2018年开始，苏州的排名开始超越南京。

表 2-2　　　　　中国主要节点城市历年的排名和层级

城市		2012—2013	2014	2015	2016—2017	2018	2019	2021
北京	排名	53	50	40	30	37	26	19
	层级	2 枢纽	2 枢纽	1 支配	1 支配	1 支配	1 支配	1 支配
上海	排名	29	35	20	32	35	33	15
	层级	1 支配	1 支配	1 支配	1 支配	1 支配	1 支配	1 支配
深圳	排名	71	74	75	69	55	53	26
	层级	2 枢纽	2 枢纽	2 枢纽	2 枢纽	2 枢纽	2 枢纽	1 支配
广州	排名	256	190	193	97	113	74	51
	层级	3 节点	3 节点	3 节点	2 枢纽	2 枢纽	2 枢纽	2 枢纽
南京	排名	166	127	121	223	241	269	182
	层级	3 节点	2 枢纽	2 枢纽	3 节点	3 节点	3 节点	3 节点
成都	排名	196	189	192	263	259	307	183
	层级	3 节点	3 节点	3 节点	3 节点	3 节点	3 节点	3 节点
杭州	排名	146	208	216	303	299	279	188
	层级	2 枢纽	3 节点	3 节点	3 节点	3 节点	3 节点	3 节点
苏州	排名	224	182	184	262	220	244	178
	层级	3 节点	3 节点	3 节点	3 节点	3 节点	3 节点	3 节点

资料来源：2012—2021 年"全球创新城市指数"排名情况。

第二节　全球创新型城市评价体系构建

追溯已有的创新评估研究和创新型城市建设实践，综合来看，创新型城市评价旨在通过科学的评价方法和指标体系，全面衡量城市的创新能力和发展水平。这种多维度的动态监测机制能够及时捕捉城市创新发展的变化及存在的问题，为创新能力诊断、创新政策优化和创新实践推进提供科学指导和决策依据。

一 全球创新型城市评价指标体系

(一) 国外创新型城市评价指标体系

除了 2thinknow 的"全球创新城市指数",国外开展较早且相对比较成熟的创新评估方面的典型成果主要包括欧洲创新记分牌/创新联盟记分牌、全球创新指数 (GII) 等。

1. 欧洲创新记分牌/创新联盟记分牌 (EIS/IUS)

欧洲创新记分牌 (The European Innovation Scoreboard, EIS) 是欧盟根据里斯本策略发展而来的综合性创新评价指标体系,评价结果已在国际上形成了一定的权威性。2005 年共包含 5 类 26 个指标,其中,创新投入包括创新驱动、知识创造和企业创新,创新产出包括技术应用和知识产权 (见表 2-3)。2007 年以技术领域评价为主,2008 年开始专门增加了三大创新模块。2009 年,其指标扩大到了七大领域,分成了创新驱动 (包括人力资源、资助和支持两大领域共 9 个指标)、企业行为 (包含企业投资、创业与合作和生产率共 11 个指标)、创新产出 (涉及创新企业和经济效益两大领域共 9 个指标) 三大板块,总指标数增加到 29 个,其中近六成指标是修订或新设指标。2010 年,在原有指标体系基础上,名字变更为创新联盟记分牌 (Innovation Union Scoreboard, IUS),指标体系依然沿用了 2009 年的三大板块,但指标数量由 29 个减少为 25 个。2017 年评价指标体系进行了大范围重组,包含了研究体系、投资情况、创新活动和影响四个维度,总共包含了 27 个指标。同时,在反映地区间差异时更加重视企业创新作用,增加了中小企业开展内部创新的比例、创新支出、市场新产品销售等指标。2020 年,根据 27 个指标 (见表 2-4),将欧盟国家 24 个成员国的绩效水平分为了四组,分别为:创新领导者 (包括丹麦、芬兰、卢森堡等)、强大的创新者 (包括奥地利、比利时、法国、德国等)、中等创新者 (包括克罗地亚、塞浦路斯、捷克、希腊等) 和一般创新者 (包括保加利亚和罗马尼亚)。2023 年发布的评估对象包含了所有欧盟成员国、其他欧洲国家 11 个,以及全球竞争对手 11 个。2023 年的欧洲创新记分牌将参评的国家分为四个等级,分别为:创新领导者 (Innovation Leaders,整体创新表现高于欧盟平均水平的 125%),包括丹麦、瑞典、芬兰、荷兰和比利时;强劲创新者 (Strong Innovators,整体创新表现介于欧盟平均水平100%—125%），包括奥地利、德国、卢森堡、爱尔兰、塞浦路斯、法国；中等创新者（Moderate Innovators，整体创新表现介于平均水平70%—100%），包括爱沙尼亚、斯洛文尼亚等10个国家；新兴创新者（Emerging Innovators，整体创新表现低于平均水平70%），包括克罗地亚等6个国家。作为创新评估工具，EIS指标体系的变动在一定程度上体现了全球科技创新的新动向。通过连续每年发布评估报告，有助于各国了解自身创新发展的优劣势领域，为未来提高创新绩效指明了方向。

表2-3　　　欧洲创新记分牌指标体系（2005年）

一级指标	具体指标
创新驱动	科学与工程类毕业生/20—29岁人口
	受过高等教育人口/25—64岁人口
	宽带普及率
	参加终身学习人口/25—64岁人口
	青年受高中以上教育程度/20—24岁人口
知识创造	公共R&D支出/GDP
	企业R&D支出/GDP
	中、高技术R&D/制造业R&D支出
	企业R&D支出中来自公共基金的投入比例
	高校R&D支出中来自企业的投入比例
企业创新	开展内部创新的中小企业/中小企业总数
	参与合作创新的中小企业/中小企业总数
	创新支出/销售总额
	早期阶段的风险资本投资/GDP
	信息通信技术支出/GDP
	采用非技术变革的中小企业/中小企业总数
技术应用	高新技术服务行业的就业人口比重
	高技术产品出口/总出口额
	市场新产品销售额/销售总额
	企业新产品销售额/销售总额
	受雇于中/高技术制造业的就业人口比重

续表

一级指标	具体指标
知识产权	百万人口拥有的欧洲发明专利数
	百万人口拥有的美国发明专利数
	百万人口拥有的其他第三方专利数
	百万人口新注册的区域性商标数
	百万人口新注册的设计数

资料来源：2005年欧洲创新记分牌。

表 2-4　欧洲创新记分牌指标体系（2020年）

类型	一级指标	具体指标
研究条件	人力资源	博士毕业生
		25—34岁完成高等教育的人口
		终身学习
	有吸引力的研究系统	国际科学合作出版物
		被引用最多的前10%的科学出版物
		外国博士生
	创新环境	宽带普及
		机会驱动的创业精神
投资	资金支持	公共部门的研发支出
		风险资本投资
	企业投资	企业研发支出
		非研发创新支出
		提供信息和通信技术培训的企业
企业创新活动	创新	具有产品或工艺创新的中小企业
		具有营销或组织创新的中小企业
		中小企业内部创新
	联系	与他人合作的创新型中小企业
		公私合著出版物
		私营部门对公共研发支出的联合资助
	知识资产	PCT专利申请
		商标申请
		设计应用

续表

类型	一级指标	具体指标
影响	就业影响	知识密集型活动中的就业
		创新部门中快速成长企业的就业
	销售影响	中高技术产品出口
		知识密集型服务出口
		市场新产品和企业新产品销售额

资料来源：2020年欧洲创新记分牌。

2. 全球创新指数（Global Innovation Index，GII）

全球创新指数由康奈尔大学、欧洲工商管理学院（INSEAD）和联合国专门机构世界知识产权组织（WIPO）于2007年开始发布。《2017年全球创新指数（GII）》主要由投入和产出两个分指数，以及投入产出比的效益指数构成，根据81项指标对127个国家和经济体的创新能力进行评估。81项指标又可以分为七大类指标，包括5个"创新投入"指数和2个"创新产出"指数，具体来看，包括政治和商业环境等制度环境、人力资本和科学研究、信息通信技术等基础设施、信贷和投资等市场成熟度、企业的创新型人才和知识吸收能力、知识和技术输出、无形资产创造等创新输出情况。以上述指标为基础，从2007年开始，对多个国家和经济体的创新能力和排名情况进行评估。从指标体系来看，GII的指标体系虽然也经历了调整和修改，但总体来看，指标选择上相对比较全面，且稳定性和连续性较好。从评估范围来看，GII研究对象涉及范围广，除了2007年的研究对象是107个国家和地区，其余年份都达到125个以上，2023年涉及的国家和经济体有130多个。同时，GII还针对经济体中的城市科技集群进行了排名，并列出得分最高的前100名城市科技集群，其中，以PCT国际专利数量以及科学出版物情况作为评价城市科技集群的主要指标。多年以来，全球创新指数（GII）成为各国评估自身创新优势和劣势，出台和调整创新政策的重要依据。根据《2023年全球创新指数（GII）报告》，科技集群排名全球前五位的是：东京—横滨、深圳—香港—广州、首尔、北京、上海—苏州集群，全部位于东亚地区。中国拥有24个科技集群，成为上榜数量最多的国家。同时，按规模划分的排名前 15 位的城市科技集群中，中国就占了六席，其中深圳—香港—广州排在第 2 位、北京排在第 4 位、上海—苏州排在第 5 位、南京排在第 11 位、武汉排在第 13 位，体现出我国创新驱动发展战略和创新型国家建设取得显著成效。

3. Solidiance 创新生态体系指标

专注于亚太市场的新加坡战略咨询公司 Solidiance 从城市创新生态体系的构建情况，来评价城市的创新能力，并在 2013 年发布《亚太地区最具创新力城市》报告。根据报告显示，排名前十名的城市分别是新加坡、悉尼、墨尔本、香港、奥克兰、东京、首尔、大阪、釜山和台北，北京、上海也分别排在了第 13 位、第 14 位。从指标体系来看，创新生态体系评价指标主要包括六个方面内容，分别是人才、知识创造、技术、社会、政府和全球化程度（见表 2 - 5）。其中，人才吸引力情况排在了第一位，成为创新生态体系构建最为重要的因素。知识创造指标主要包括人均大学数量、高等教育毛入学率、人均研发费用等教育和研发情况。影响技术的指标包括宽带普及率、人均移动手机数量等信息连通情况。社会的包容度、自由表达氛围也是创新生态系统构建的重要基础。同时，该报告在指标体系构建中十分强调政府在推动创新中的重要作用，政府指标下的分项指标也是最多的，包括商业、投资、金融等自由度，贸易开放度，政府的廉洁程度和政治的稳定性等。最后一项指标是该城市经济和文化融入全球化的程度，包括英语普及度、跨国企业的情况等。

表 2 - 5　　　　　　　　Solidiance 创新生态体系指标

一级指标	具体指标
人才	1.1　General quality of life，总体生活质量
	1.2　City livability，城市宜居程度
	1.3　Migrants as a percentage of total，外来移民占人口的比例
	1.4　Tolerance to LGBT，对同性恋之类群体的宽容程度
	1.5　Occupational structure，职业结构
	1.6　Cost of living，生活成本
	1.7　Ease of starting a business，创办企业的容易程度
	1.8　Ease of doing business，做生意的容易程度

续表

一级指标	具体指标
知识创造	2.1 Number of universities in that city per capita，本市人均大学数量
	2.2 Total R&D expenditure per capita，人均研发支出
	2.3 Total R&D expenditure，研发支出总量
	2.4 Total R&D expenditure as of GDP，研发支出占GDP份额
	2.5 Total patent registrations，每10万人专利申请量
	2.6 Total trademark registrations，每10万人商标申请量
	2.7 Expenditure on education as of GDP，教育支出占GDP比例
	2.8 Gross enrollment ratio in tertiary education，高等教育毛入学率
技术	3.1 Broadband penetration，宽带普及率
	3.2 Number of mobile lines per capita，人均移动电话线路数
	3.3 Tertiary sector importance (the percent of services added value of GDP)，服务业增加值占GDP份额
	3.4 Access to capital，获取资金能力
	3.5 Population coverage，技术应用的人口覆盖面（人口密度的倒数）
	3.6 Digital economy ranking (e-readiness & beyond)，数字经济的排名
社会	4.1 Degree of censorship (freedom of expression)，言论管制程度（表达自由程度）
	4.2 Prominence of social media (proportion of Facebook users)，社媒的重要性（Facebook用户所占比例）
	4.3 Tolerance for failure (# suicide for 100K inhabitants)，容忍失败的程度（用每10万居民的自杀人数作为替代指标）
	4.4 City influence，城市影响力
政府	5.1 Business freedom，经济自由
	5.2 Trade openness/freedom，贸易开放度
	5.3 Fiscal management，财政管理
	5.4 Political stability，政治稳定性
	5.5 Monetary freedom (debt levels)，货币自由（负债程度）
	5.6 Investment freedom，投资自由
	5.7 Financial freedom，金融自由
	5.8 Property rights framework，产权框架

续表

一级指标	具体指标
政府	5.9 Level of corruption，腐败程度
	5.10 Labor freedom，劳动自由权
	5.11 FDI，吸引到的外资
	5.12 Piracy rates，盗版率
	5.13 Income to property price ratio，收入房价比
全球化程度	6.1 Global competitiveness，全球竞争力
	6.2 Level of English literacy，英语掌握程度
	6.3 Brands/fame/presence of innovative corporations，是否拥有知名创新型企业
	6.4 Environmental sustainability，环境可持续性
	6.5 Brain drain/gain (net migration)，人才引进与流失的净差

资料来源：《亚太地区最具创新力城市》报告。

(二) 国内创新型城市评价指标体系

1. 科技部：《全国科技进步统计监测报告》《中国区域科技创新评价报告》

1993年开始科技部就开启了全国科技进步统计监测及综合评价的研究，"科技进步统计监测"于1996年正式启动，1997年起正式发布的《全国科技进步统计监测报告》为人们全面了解我国和不同地区科技发展水平提供了科学依据。其指标体系的建立综合考虑了当时区域科技规划和科技发展目标的要求，所选的指标可以综合反映出各地区在科技创新主要方面的水平和进步。以《全国科技进步统计监测报告》为基础，中国科技发展战略研究院从2015年开始发布《中国区域科技创新评价报告》，其指标体系包括科技创新环境（科技人力资源、科技物质条件、科技意识）、科技活动投入（科技活动人力投入、科技活动财力投入）、科技活动产出（科技活动产出水平、技术成果市场化）、高新技术产业化（高新技术产业化水平、高新技术产业化效益）、科技促进经济社会发展（经济发展方式转变、环境改善、社会生活信息化）。其具体指标也会根据当年政府统计部门公开发布的统计指标进行调整，研究范围延续了《全国科技进步统计监测报告》以区域为基本研究单元的方法,涵盖了全国 31 个省级行政区(不含港澳台)。根据《中国区域科技创新评价报告 2022》,从五个方面建立了指标体系,包括科技活动投入、产出,科技创新环境,高新技术产业化和科技促进经济社会发展(见表 2－6)。同时,根据"综合科技创新水平指数"(包含 12 个一级指标和 43 个二级指标)将全国及 31 个地区的科技创新情况划分为创新领先地区、中等创新地区和创新追赶地区三个梯队,其中,上海、北京、天津、广东、江苏、浙江处于第一梯队。北京、上海、粤港澳大湾区三大科创中心的创新引领地位不断强化。

2. 科技部:《中国区域创新能力监测报告》

根据"建立全国创新调查制度,加强国家创新体系建设监测评估"的要求,科技部会同有关部门建立了国家创新调查制度,从 2014 年开始,发布《中国区域创新能力监测报告》,如《中国区域创新能力监测报告 2015》构建了一套包含 5 个维度 124 个指标的监测指标体系,包括创新资源、企业创新、创新环境、创新产出和创新效率,基于客观的反映城市创新活动的基础数据,建立了一个获取便捷、易于操作的数据平台,为政府决策、创新研究等提供参考和支撑。

表 2－6　　　　　　区域科技创新评价指标体系

一级指标	二级指标	三级指标
科技创新环境	科技人力资源	万人研究与发展(R&D)人员数(人年)
		十万人博士毕业生数(人)
		万人大专以上学历人数(人)
		万人高等学校在校学生数(人)
		十万人创新中介从业人员数(人)
	科研物质条件	每名 R&D 人员仪器和设备支出(万元)
		科学研究和技术服务业固定资产占比(%)
		十万人累计孵化企业数(个)
	科技意识	万名就业人员专利申请数(件)
		科学研究和技术服务业平均工资比较系数(%)
		万人吸纳技术成交额(万元)
		有 R&D 活动的企业占比(%)

续表

一级指标	二级指标	三级指标
科技活动投入	科技活动人力投入	万人R&D研究人员数（人年）
		基础研究人员投入强度指数（%）
		企业R&D研究人员占比（%）
	科技活动财力投入	R&D经费支出与GDP比值（%）
		基础研究经费投入强度指数（%）
		地方财政科技支出占地方财政支出比重（%）
		企业R&D经费支出占主营业务收入比重（%）
		企业技术获取和技术改造经费支出占企业主营业务收入比重（%）
		上市公司R&D经费投入强度指数（%）
科技活动产出	科技活动产出水平	万人科技论文数（篇）
		获国家级科技成果奖系数（项当量/万人）
		万人发明专利拥有量（件）
		每万人高价值发明专利拥有量（件）
	技术成果市场化	万人输出技术成交额（万元）
		万元生产总值技术国际收入（美元）
高新技术产业化	高新技术产业化水平	高技术产业增加值占工业增加值比重（%）
		知识密集型服务业增加值占生产总值比重（%）
		高技术产品出口额占商品出口额比重（%）
		新产品销售收入占主营业务收入比重（%）
	高新技术产业化效益	高技术产业劳动生产率（万元/人）
		高技术产业利润率（%）
		知识密集型服务业劳动生产率（万元/人）
科技促进经济社会发展	经济发展方式转变	劳动生产率（万元/人）
		资本生产率（万元/万元）
		综合能耗产出率（元/千克标准煤）
		装备制造业区位熵（%）
	环境改善	环境质量指数（%）
		环境污染治理指数（%）
	社会生活信息化	万人移动互联网用户数（户）
		信息传输、软件和信息技术服务业增加值占生产总值比重（%）
		电子商务消费占居民消费支出比重（%）

资料来源：《中国区域科技创新评价报告2022》。

3. 科技部：《国家创新指数报告》

根据创新型国家建设的要求，2011年开始，中国科学技术发展战略研究院正式发布《国家创新指数报告》，该报告所建立的评价指标体系包含了5个一级指标和30个二级指标，5个一级指标为创新资源、企业创新、创新绩效、知识创造和创新环境，对R&D经费投入占全球98%以上的40个国家和地区进行评价（见表2-7）。目前主要发表的有2011年、2012年、2014年、2015年、2018年、2021年等年度报告，2012年指标体系进行了一次调整，用"信息化水平"替换了"ICT费用占GDP的比例"，同时减少了ICT相关法律完善程度的指标。根据《国家创新指数报告2021》显示，全球创新发展保持亚美欧三足鼎立格局，中国创新指数排在了第13位。

表2-7 《国家创新指数报告2018》指标体系

一级指标	二级指标
创新资源	研究与发展经费投入强度
	研究与发展人力投入强度
	科技人力资源培养水平
	信息化发展水平
	研究与发展经费占世界比重
知识创造	学术部门百万研究与发展经费科学论文被引次数
	万名研究人员科技论文数
	有效专利数量占世界比重
	百万人口发明专利申请数
	亿美元经济产出发明专利授权数
企业创新	三方专利数占世界比重
	企业研究与发展经费与增加值之比
	万名企业研究人员PCT专利申请数
	综合技术自主率
	企业研究人员占全部研究人员比重
创新绩效	劳动生产率
	单位能源能耗的经济产出
	知识密集型服务业增加值占GDP比重
	高技术产业出口占制造业出口比重
	知识密集型产业增加值占世界比重

续表

一级指标	二级指标
创新环境	知识产权保护力度
	政府规章对企业负担影响
	宏观经济环境
	当地研究与培训专业服务状况
	反垄断政策效果
	企业创新项目获得风险资本支持的难易程度
	员工收入与效率挂钩程度
	产业集群发展状况
	企业与大学研究与发展协作程度
	政府采购对技术创新影响

资料来源：《国家创新指数报告2018》。

4. 科技部：《国家创新型城市创新能力监测报告》《国家创新型城市创新能力评价报告》

2008年，创新型城市试点工作开展以来，根据《关于进一步做好2017年创新型城市建设有关工作的通知》（国科创函〔2017〕3号）的要求，两部委委托第三方机构对此前支持的61个试点城市组织开展评估。再加上2018年新支持的17个城市，截止到2018年底，科技部、国家发展改革委共支持78个城市开展国家创新型城市建设，包括72个地级市、4个直辖市城区和2个县级市。2019年，鉴于数据可获得性，选择72个地级市为研究对象，科技部和中国科学技术信息研究所首次发布《国家创新型城市创新能力监测报告》和《国家创新型城市创新能力评价报告》，其中，"监测报告"包括创新基础、科教资源富集程度、产业技术创新能力、创新创业活跃程度、开放协同创新水平、支撑绿色发展能力6个维度45个具体指标（见表2-8），致力于发布反映创新型城市发展情况的相关数据。同时，"评价报告"包含了2个一级指标，分别是创新基础和创新特色；8个二级指标，包括创新生态、创新投入、创新产出等；32个三级指标。基于该指标体系，致力于对国家创新型城市的创新能力进行系统评估。《国家创新型城市创新能力监测报告 2022》和《国家创新型城市创新能力评价报告 2022》评价对象为 97 个地级市和副省级城市，排名前 10 位的城市依次为：深圳、南京、杭州、广州、武汉、西安、苏州、长沙、合肥和青岛。

表 2-8 《国家创新型城市创新能力监测报告》指标体系

一级指标	二级指标
创新基础	全社会 R&D 经费支出
	全社会 R&D 经费支出占地区 GDP 比重
	财政科技支出
	财政科技支出占公共财政支出比重
	科创板上市企业数量
	发明专利拥有量
	万人发明专利拥有量
	全员劳动生产率
	居民人均可支配收入
科教资源富集程度	R&D 人员
	每万名就业人员中 R&D 人员
	普通高等学校在校学生数
	万人普通高等学校在校学生数
	基础研究经费
	基础研究经费占 R&D 经费比重
	国家重点实验室数量
	中央级普通高等学校数量
	中央级科研院所数量
产业技术创新能力	国家工程技术研究中心数量
	规上工业企业 R&D 经费支出
	规上工业企业 R&D 经费支出占主营业务收入比重
	高新技术企业数
	高新技术企业主营业务收入
	高新技术企业主营业务收入占规上工业企业主营业务收入比重
	国家高新技术产业开发区营业收入
	国家高新技术产业开发区营业收入占地区 GDP 比重

续表

一级指标	二级指标
创新创业活跃程度	国家级科技企业孵化器数
	国家大学科技园数
	国家备案众创空间数
	国家级双创示范基地数
	国家级科技企业孵化器当年新增在孵企业数
	国家大学科技园当年新增在孵企业数
	技术合同成交额
	技术合同成交额占地区 GDP 比重
开放协同创新水平	国家国际科技合作基地数
	外国人才来华工作数
	高技术产品出口额
	高技术产品出口额占商品出口额比重
	实际使用外资金额
	实际使用外资金额占 GDP 比重
支撑绿色发展能力	空气质量优良率
	能源消费总量
	单位地区 GDP 能耗
	全社会用水总量
	单位地区 GDP 水耗

资料来源：《国家创新型城市创新能力监测报告 2019》。

5. 启迪创新研究院：《中国城市创新创业环境评价研究报告》

由清华大学启迪创新研究院自 2011 年开始发布，评价对象为 2010 年我国内地 GDP 过千亿元、人均 GDP 排名前 100 的地级以上城市（不包括直辖市），在 2014 年首度增加县级市。围绕"政—产—学—研—金—介—贸—媒"创新维度，《2015 年中国城市创新创业环境排行榜》建立了包括产业发展、人才环境、研发环境、政府支持、金融支持、市场环境、中介服务、创新知名度 8 项一级指标的评价指标体系。《2020 中国城市创新创业环境评价报告》构建了政策要素、产业要素、人才要素、研发要素、金融要素、中介服务要素 6 个一级指标、12 个二级指标和17个三级指标的评价指标体系，其中，政策要素主要由营商环境、科学技术支出占地方财政支出比重构成；产业要素指标主要包括经济发展环境与产业基础构成；人才要素主要是高校人才和科技人才两个指标；研发要素指标从研发投入和研发成果两个角度进行比较。评价结果显示，中国城市创新创业环境前10强城市分别是北京、上海、深圳、西安、广州、苏州、成都、南京、杭州、武汉。

二 全球创新型城市评价规律特点

（一）评价维度更加多元化

从评价视角来看，不同评价机构针对评价对象的实际情况，因地制宜地提出评价指标体系，但总的发展趋势比较明显，从最初侧重于创新投入产出绩效的评价，到关注制度、文化等创新环境打造，再到构建城市创新生态体系，即评价维度更加多元化，创新评价的范围不断扩展，研究内容不断深化。如欧洲创新记分牌（EIS）的指标体系从投入产出的角度出发，涵盖了人力资源、创新产量、企业投资、创业与合作以及经济效应等板块，体现了投入和产出的平衡，侧重于采用比例、比重等效率指标对创新绩效予以重点关注。而全球创新指数（GII）从制度、基础设施、人力资本与研究、商业成熟度、知识与技术产出、市场成熟度、创意产出等多方面进行评价，将社会创新、商业模式创新等和技术创新一起评价，评价指标更加丰富。Solidiance公司所发布的《亚太地区最具创新力城市》报告，更是提出由创新主体、创新条件、创新资源、创新文化、政府等构建的城市创新生态系统来评价城市的创新能力。

（二）重视指标评价体系动态调整

指标体系在动态监测过程中并不是一成不变的，而是需要针对具体的评价对象和现实发展动态，作出及时的反馈和修订。一方面，从指标系统构建来看，形成相对稳定的评价指标体系的修订机制。在稳定核心评价要素的同时，根据评价对象的变化、创新活动的新动态，以及评价手段和方法的更新，及时对指标体系进行调整，通过不断完善评价指标体系，使评价结果更加全面准确。如欧洲创新记分牌（EIS）在构建指标体系时，保持相对稳定的指标包括研发投入、创新人才、专利产出、中小企业创新活动、高科技产品出口等，促进创新政策实施稳定性的同时，也提高了连续性评价的可比性。另一方面，从指标体系构建的外部影响因素来看，创新政策调整、数据的可获得性等客观原因，以及历年评价研究的经验和不足，都是指标体系进行调整和修订的重要依据。欧洲创新记分牌（EIS）中，2010年的近六成指标是修订或新设指标，从专注于技术领域评估，到评估指标更加系统全面，使创新评价指标体系一直与时俱进，更突出了其客观性。不仅是指标要素，在模型构建方面，指标的赋值也会发生变化。如从2012年开始，全球创新指数（GII）模型不仅新增加了"在线创新"一个二级指标，商业成熟度、知识和技术产出两个方面在数据源赋值方面也发生了调整。

（三）对指标数据挖掘更加深入

从各项评估报告来看，不再仅仅局限于关注排名的变化，更着眼于全面分析各项分项指标的情况，有助于提升城市创新能力评估对于实际工作的指导意义。如《国家创新型城市创新能力监测报告》和《国家创新型城市创新能力评价报告》作为国家创新型城市建设和发展情况系统评估的权威性文件，不仅根据国家创新政策和制度变化等新情况，注重适时调整指标体系，致力于对全国创新型城市的发展情况进行实时研判和客观评价。同时，在2022年的报告中，还集中对创新型城市发展的成功经验进行提炼总结，以期形成可推广复制的典型案例，更好地指导实践。

综合来看，国内外有关城市创新、创新型城市评价指标体系研究已经取得了较为丰富的成果，其研究方法也日趋成熟，但也存在诸多缺陷，如部分评价指标存在主观指标较多、数据可获得性差等问题，评价方法较复杂，难以理解等。同时，由于研究对象和研究角度的不同，对于城市创新指标体系的构建存在较大的差异性，需结合自身实际情况进行模型选择。

第三节　全球节点创新型城市评价实证

一　节点创新型城市评价原则导向

提高城市创新能力，加快创新型城市建设是完善国家创新体系和构建创新型国家核心支点的必然要求，是破解当下城市经济社会发展问题和制约的内在需要，更是培育激活新动能、引领未来经济发展的重要举措。在创新型城市的建设过程中,通过构建科学合理的指标评价体系,对创新型城市的建设情况及创新能力进行科学度量,是城市创新系统深入研究的必经阶段。城市创新能力的综合评价指标体系研究与构建具有重要的理论与实践意义,不仅可以完善创新型城市的理论内涵,更能客观评价创新型城市的建设效果,指导创新实践。

一是坚持科学性与可操作性相结合。指标体系的构建不能仅仅依靠主观判断,要在已有研究基础上,针对创新型城市建设的特征和问题,尽可能地广泛调研、严格论证,在尊重客观事实基础上,选用合理的方法进行确定,以保证指标体系的科学性。在遵循科学规律的同时,要充分考虑城市创新评估数据的可操作性,可操作性是为了保证数据的可获得性和可持续性,确保评价结果能够推广应用。

二是坚持前瞻性与现实性相结合。城市创新、创新型城市评价指标体系的构建要体现高度的开放性和真实性,一方面,以发达国家地区的发展历程为参照,参照已有的研究成果,务必使指标体系与国际经验相兼容,能够更加准确地反映城市在众多国际大都市中创新发展的真实地位和实际水平,为提升城市创新能力提供参考;另一方面,要深入分析城市创新发展的实际情况,以及城市之间的发展差距,以提升城市创新能力为抓手,实现城市经济增长方式的根本性转变,形成符合城市特质的内生增长方式。

三是坚持静态比较与动态导向相结合。由于影响城市创新的各种要素都是不断变化的,因此,在构建指标体系时要选择一些弹性系数大、包容性强的指标,同时,要求评价结果之间存在相互可比性,有统一的衡量标准。根据指标体系得出的分析结果能够全面地、动态地反映城市创新情况,同时,动态导向性还表现为创新城市评价指标体系需要随着国家创新战略和科技创新政策的不断革新而适时调整,为动态观测、持续跟踪主要城市创新能力变化及差异提供一个全域视角,使其评价结果成为政策制定的依据,实现为创新政策服务的功能。

二 节点创新型城市评价方法思路

(一) 指标体系构建及释义

多伦多大学教授理查德·佛罗里达(Richard Florida)在其著作

《创意阶层的崛起》中写道:"创造力无法像矿藏那样储备、争夺和买卖,它必须经常得到充实、更新和维护,否则就会悄悄溜走。"创新型城市建设主要依靠科技、知识、文化、体制等创新要素驱动城市发展,其包含创新主体、创新资源、制度环境等核心要素,而创新绩效是反映区域创新能力的关键指标。基于此,本书从创新投入、创新产出、创新人才、创新基础四个维度 13 个指标层构建创新评估指标体系,其构建原理如图 2-1、图 2-2 所示。

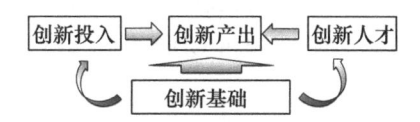

图 2-1 创新评价指标体系构成

一级指标	二级指标	单位
创新基础	人均GDP	元
	固定资产投资额	亿元
	每万人互联网用户数	户/万人
	实际利用外资金额占GDP比重	%
创新人才	每万人高等学校在校学生数	人
	每万人科技服务人员数占总就业人数比重	%
	各类专业技术人员	人
创新投入	全社会R&D经费支出占GDP比重	%
	科学技术财政支出占财政总支出比重	%
创新产出	每百万人口发明专利申请授权量	件
	高技术产业产值占规上工业总产值比重	%
	企业专利授权总量	件
	技术合同成交额	亿元

图 2-2 创新评价指标结构

创新产出是创新评价的核心指标,主要从技术创新和服务创新两方面来评价。其中,技术创新的过程中,通过技术新知识的产生与流动,不断提高企业的技术创新能力，从而影响城市的综合创新能力。服务创新是为企业的技术创新和成果转化提供平台，决定了城市内各种创新行为的协调与灵活。因此，创新产出包括的指标有每百万人口发明专利申请授权量、高技术产业产值占规上工业总产值比重、技术合同成交额、企业专利授权总量。

创新投入和创新人才共同推动了创新绩效的提升，是创新能力提升的重要驱动因素。其中，创新人才主要包括每万人高等学校在校学生数量、各类专业技术人员、每万人科技服务人员数占总就业人数比重。创新投入包括全社会 R&D 经费支出占 GDP 比重和科学技术财政支出占财政总支出比重。

创新基础是推动创新的必备条件，体现为城市基础设施水平和基础经济发展水平。如果没有相应的创新环境，形成适宜的创新氛围，其他创新也无从谈起。本书研究的创新基础分为城市的经济发展水平、信息化支撑、金融服务支持和对外开放程度四个维度。

（二）样本城市选择

"一带一路"倡议是我国新时代的重大区域性政策，是构建新的区域开放格局，促进国内资源要素流动和产业转移的重要举措。在"一带一路"的建设过程中，实施创新驱动发展战略，促进经济的转型发展是沿线城市的重要目标之一，为此，也应将提升"一带一路"沿线城市的创新能力作为城市发展的主要战略，以此提高"一带一路"倡议的发展步伐，助力中华民族伟大复兴的中国梦的实现。根据《推动共建丝绸之路经济带和21世纪海上丝绸之路的愿景与行动》正式圈定的6大地区、5个重点区域、18个省份、7个高地城市，16个港口城市，2个国际枢纽机场城市，2个建设航空港和国际陆港城市，其中，5个重点区域为：长江中游城市群、中原城市群、成渝城市群、哈长城市群、呼包鄂榆城市群；18个省份为：新疆、西藏、宁夏、陕西、青海、甘肃、内蒙古、黑龙江、吉林、辽宁、云南、广西、上海、浙江、福建、重庆、广东、海南；7个高地城市为：西宁、成都、郑州、武汉、长沙、南昌、合肥；16个港口城市为：上海、宁波、舟山、天津、广州、深圳、汕头、湛江、福州、厦门、泉州、青岛、烟台、大连、海口、三亚；2个国际枢纽机场城市为：上海、广州；2个建设航空港和国际陆港城市为：郑州、西安。同时考虑到"丝绸之路经济带"沿线的中心城市和"21世纪海上丝绸之路"沿线的重点港口城市，去除重复的城市，一共选取了32个地级以上城市，包括了中国的东部地区、东北地区、中部地区和西部地区。这些城市具体为：上海、沈阳、泉州、北京、重庆、深圳、宁波、合肥、厦门、乌鲁木齐、呼和浩特、福州、泗水、天津、烟台、西安、南宁、杭州、广州、兰州、成都、郑州、海口、南昌、武汉、西宁、青岛、哈尔滨、银川、大连、长春、长沙，是我国范围内"一带一路"的主要城市，与国内外其他城市联系的重要节点。但考虑到数据的可获得性和完整性，在进行综合创新能力评估时，选取了29个城市。

（三）评估方法及数据来源

本评估采用常用的线性加权法，首先将各城市的不同指标数据进行标准化，将标准化后的数据与二级指标权重相乘，得到一级指标得分。再用该得分与一级指标权重相乘，得到综合指数得分。

1. 原始数据标准化处理

由于城市创新能力各项指标数据的量纲不同，所有指标数据都必须进行无量纲化处理。考虑到所有指标均为正向指标，采用最大化方法，具体处理方式为：

$$X_{ij} = \frac{x_{ij}}{\max(x_{ij})}$$

其中，X_{ij}为第i个城市第j项指标标准化后的量值，$\max(x_{ij})$为第j项指标最大样本值，x_{ij}为i城市第j项指标的原始值。

2. 评价指标权重确定

指标的权重确定采用了熵权法，熵权法赋权的方法相对客观。首先，利用信息熵计算出各指标的熵权，再通过熵权对各指标的权重进行修正，从而得出指标的权重。熵权法的具体计算步骤如下：

第一步，假设有m个被评价对象，每一个被评价对象有n个评价指标，由此可以形成原始数据矩阵$\mathbf{R} = (r_{ij})_{m \times n}$，其中，$i = 1, 2, 3 \cdots m$；$j = 1, 2, 3 \cdots n$。$r_{ij}$表示第$i$个评价对象的第$j$个指标。

第二步，第i个评价对象的第j个指标的比重为P_{ij}。

$$P_{ij} = r_{ij} \Big/ \sum_{i=1}^{m} r_{ij}$$

第三步，第 j 个指标的熵值为 e_j。

$$e_j = -k \sum_{i=1}^{m} P_{ij} \cdot \ln P_{ij}$$

其中，$k = 1/\ln m$，当 $P_{ij} = 0$ 时，$P_{ij} \cdot \ln P_{ij} = 0$

第四步，第 j 个指标的熵权为 W_j。

$$W_j = (1 - e_j)/(n - \sum_{j=1}^{n} e_j)$$

其中，$0 \leqslant W_j \leqslant 1$，$\sum_{j=1}^{n} w_j = 1$

如果评价对象在指标 j 上的值完全相同时，熵值为最大 1，熵权为 0。

3. 数据来源

本次评价年份为 2015 年，基础数据主要来自《中国城市统计年鉴（2016）》、各城市 2016 年的统计年鉴和 2015 年的统计公报，企业专利授权总量等部分数据由中广数据公司提供。

三 节点创新型城市评价实证结果

（一）总体结果

研究结果显示，创新能力排名前十的城市为北京、深圳、上海、天津、广州、杭州、南京、西安、武汉、成都。北京、深圳、上海处于第一梯队，整体创新能力遥遥领先。但三个城市也表现出各自不同的优势，北京凭借科技创新资源优势，其申请专利授权和企业专利授权指标都比较高，形成了原始创新主导型的创新模式；深圳高技术产业指标和企业专利授权指标突出，形成了产业创新主导型的创新模式；上海的各项指标基本均衡发展，形成了原始创新和引进技术相结合的综合协调发展型的创新模式。天津、广州、杭州、南京处于第二梯队，体现出东部沿海三大城市群的创新驱动。西安、武汉、成都、宁波、珠海、青岛处于第三梯队，综合创新指数在平均值以上。长沙、郑州等城市的综合创新指数在平均值以下，在第四梯队。

综合来看，城市创新能力表现出明显的区域不平衡性（见图 2-3）。北京、深圳、上海位列前三名，天津、广州、杭州紧随其后，充分显示出京津冀、长三角和珠三角在创新引领中的绝对优势。因此，分区域来看，东部沿海地区是城市创新的主体力量，中西部地区西安、武汉、成都三个区域性中心城市的引领带动作用明显。

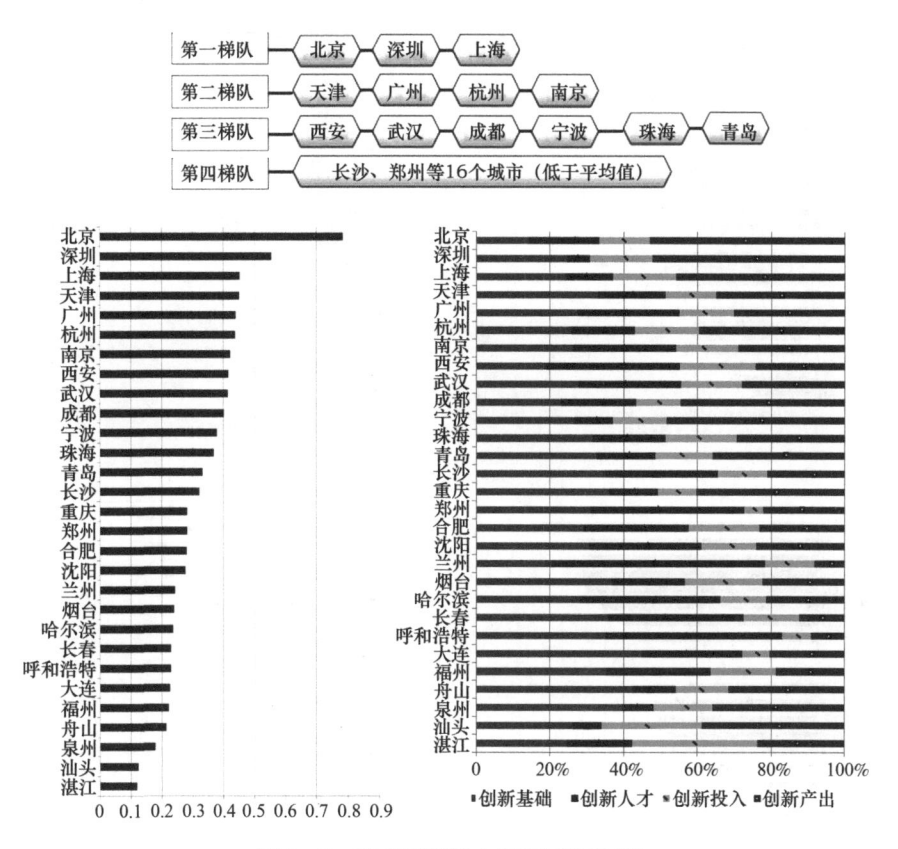

图 2-3 城市创新能力层级评价结果

(二) 分指标评价结果

不同指标的评价结果如图 2-4 所示，具体情况如下：

创新基础指标。创新基础排名前五位的城市有天津、深圳、珠海、广州、武汉。其中天津滨海新区的建立，尤其是天津自贸试验区成立以来，有力地带动了天津的外商投资，成为创新的重要土壤。广东省域内的深圳、珠海、广州无论是 GDP 还是人均 GDP 都是遥遥领先，也体现出了强大的创新驱动。武汉创新基础的四项指标都比较均衡，创新基础环境打造方面优势明显。

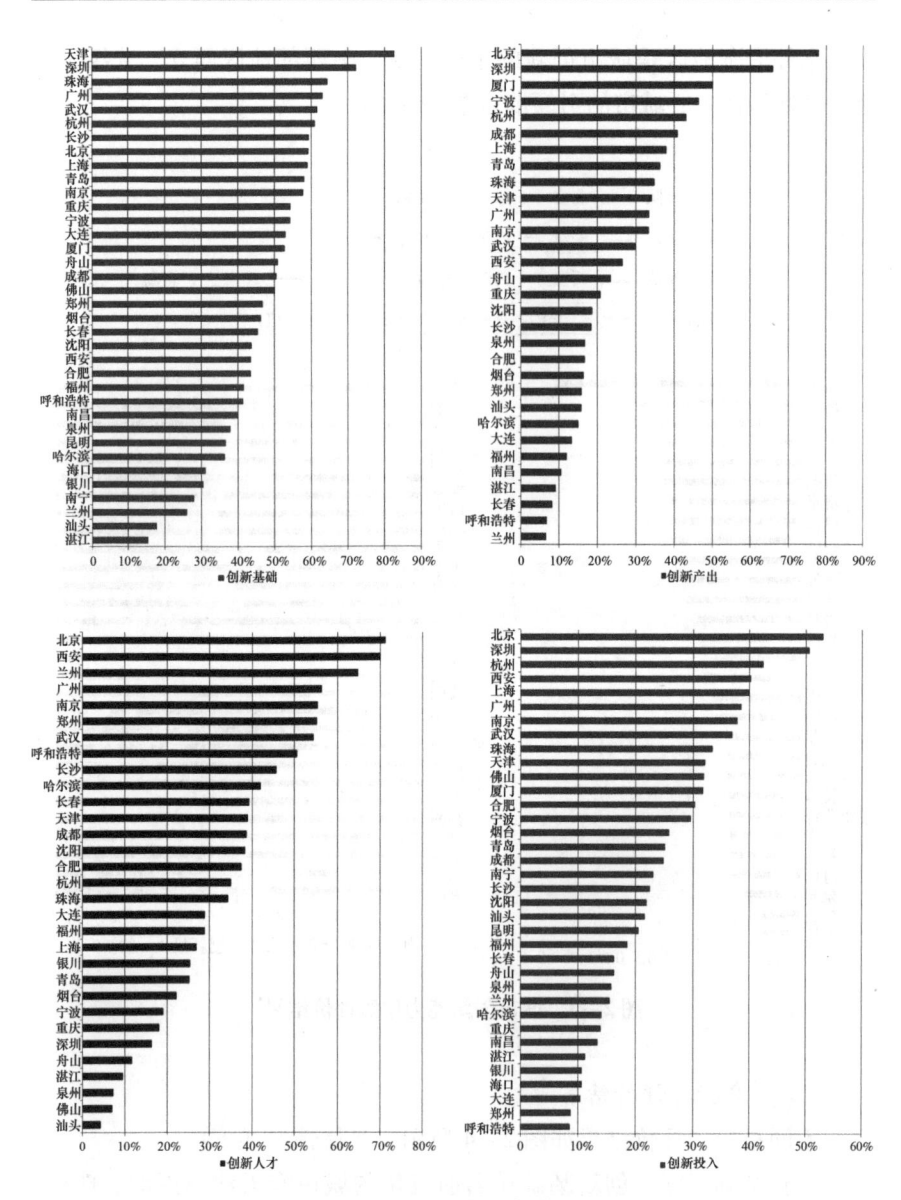

图 2-4 不同指标的评价结果

创新产出指标。创新产出排名前五位的城市分别是北京、深圳、厦门、宁波、杭州。北京在技术合同成交额和企业专利授权量方面均排在了首位，不仅具有原始创新优势，创新成果转化能力也遥遥领先。深圳、厦门、宁波、杭州等城市在高技术产业和专利授权方面优势明显，表现出明显的产业创新主导型的创新发展模式优势。

创新人才指标。创新人才排名前五位的城市分别为北京、西安、兰州、广州、南京，以中西部城市居多。尤其是万人高校在校学生数优势明显，但如何留住创新人才，提升创新能力仍需加强。

创新投入指标。创新投入指标排名前五位的城市分别为北京、深圳、杭州、西安、上海。尤其是R&D经费占GDP的比重，北京远高于其他城市，可见创新投入对于创新能力的提高有重要的促进作用。

(三) 不同发展阶段评价结果

从发展阶段来看，处于不同发展阶段的城市，其发展重点、发展目标、产业结构、功能定位等都存在明显不同，会影响城市创新模式和路径的选择。如表2-9所示，整体来看，综合创新指数排名前十位的城市，人均GDP基本达到100000元以上，创新基础良好，创新人才集聚，创新投入成效显著，创新产出优势明显。人均GDP在100000元以下的城市，尤其是一些中西部城市，虽然集聚了一定的创新人才，但在创新环境打造和创新投入方面还有待提升，创新人才的产出并不明显。

表2-9　　城市经济发展阶段和创新指数排名情况比较

序号	区域	城市	人均GDP/元	创新指数	创新基础	创新投入	创新产出	创新人才
1	东部	深圳	157985	2	2	2	2	26
2		广州	134066	5	4	6	11	4
3		南京	118171	7	11	7	10	5
4		北京	106284	1	8	1	1	1
5		天津	106908	4	1	10	12	12
6		杭州	112268	6	6	3	5	16
7		青岛	102519	13	10	16	7	22
8		上海	103100	3	9	5	9	20
9		宁波	102475	11	13	14	4	24
10	中部	武汉	104132	9	5	8	13	7

续表

序号	区域	城市	人均GDP/元	创新指数	创新基础	创新投入	创新产出	创新人才
11	西部	成都	74273	10	17	17	6	13
12		西安	66739	8	23	4	14	2
13		重庆	52330	15	12	29	17	25
14	东北部	大连	110673	24	14	34	26	18
15		沈阳	87833	18	22	20	20	14
16		哈尔滨	59027	21	30	28	24	10

说明：人均GDP数据来源于该城市2015年国民经济和社会发展统计公报。

第三章

中国创新型城市建设历程与未来方向

第一节 准确把握中国创新发展新趋势

一 增长动力：从"要素驱动"向"创新驱动"转变

改革开放40多年来，我国社会主义建设取得了举世瞩目的成就。从1978年到2022年，我国国内生产总值年均增长率超过了9%，这样长时段的高增长在人类发展史上也是不多见的。纵然在统筹疫情防控和经济社会发展双重压力下，中国经济运行依然保持在合理区间，延续了经济平稳、稳中向好的态势。根据国家统计局发布的国民经济半年报，2022年上半年国内生产总值418961亿元，按可比价格计算，同比增长6.8%，连续12个季度保持在6.7%—6.9%的中高速区间。然而，我国的人口、资源、环境等基本国情，决定了未来发展不能一直通过扩大投资、消耗资源环境等粗放型增长模式来维持，要逐渐从投资拉动型向创新驱动型转变。顺应第四次工业革命下的新技术变革和产业转型升级趋势，未来推动中国经济增长的核心要素必然也会发生变革，在新的发展背景下，依靠资源、人力等潜在空间增量要素投入支撑经济高速增长的传统发展模式难以为继，原有资源存量、增长方式发生显著变化，亟须进行新旧动能转换，从要素驱动、投资驱动转为创新驱动。同时，新冠疫情、中美贸易摩擦等给全球经济和产业结构升级带来的冲击和不确定性加大，中国经济在增速放缓的同时，产业结构分化的趋势也更加突出，不断提升城市整体创新能力，加快产业升级转型和新旧动能转换已然刻不容缓。正如党的十九大报告中所指出的："我国经济已由高速增长阶段转向高质量发展阶段，正处在转变发展方式、优化经济结构、转换增长动力的攻关期，建设现代化经济体系是跨越关口的迫切要求和我国发展的战略目标"。在我国社会经济发展的新语境中，创新作为实现内生型增长的战略基点，成为加快经济发展方式转变和探索城市发展新模式的关键引擎，是推进国家创新体系建设和建设创新型国家的核心环节。

二 发展思路：从"跟踪模仿"向"自主创新"转变

世界经济中心虽然几度转移，但是科技一直是支撑经济中心地位的最强大力量。经过改革开放40多年的发展，中国在资本密集型和劳动密集型两大类产业发展中都占有巨大的优势和份额，但是产业的高端环节和核心技术往往被跨国巨头所控制，比如CPU制造商英特尔把芯片设计研发放在美国硅谷，把芯片制造外包给台积电，而把劳动力密集的工序如芯片封装放在中国大陆。关键技术受制于人，症结在于长期处于产业链和技术链的低端，科技创新能力不足。中国作为世界第二大经济体，要紧紧抓住新一轮科技革命变革机遇，实现从生产基地、全球生产网络、世界工厂向研发中心、全球创新网络、创新高地转变，而实现这一转变的关键就是科技创新发展战略逐渐从跟踪模仿向更加强调原始性创新、自主创新和集成创新转变，努力实现关键核心技术自主可控，不断增强自主创新能力。万河之水始于源，参天之木立于根。基础研究处于创新链的最前端，是新技术革命竞争的焦点，加强基础研究成为实现科技自立自强和企业保持行业领先地位的重要基础。统计数据表明，第二次世界大战后，科学知识发展和科研经费的支出以指数型速率增长，美国的科研投入占全世界的40%左右，其中用于基础研究的支出占到了50%—70%。德国以基础研究闻名的马克斯·普朗克学会更是产生了30多位诺贝尔奖得主。根据Linux基金会的统计，全球软件产业代码中有70%以上的代码来源于开源软件，打造开源技术创新生态正在成为推动数字技术创新的重要"底座"。

党的十八大以来，通过科技创新和制度创新"双轮驱动"，我国的自主创新能力实现了质的飞跃，正在极力推动中国制造迈向中国创造。2021年，我国R&D投入为27956.3亿元，研发经费投入强度提升至2.44%，PCT国际专利申请数量增加至6.95万件。在一系列利好政策支持下，涌现了一大批自主创新技术和科技成果，5G 技术的成功研发和商业化场景拓展、北斗卫星导航系统的深度应用、国产大型客机 C919 的成功起航、登月计划和深海计划的顺利开展等，以及在人工智能、超级计算、量子计算、超级高铁、新能源汽车等不同领域的技术突破，都向世界展示了我国强大的自主创新能力和科技水平，也标志着我国已进入以创新为标识的发展阶段。根据世界知识产权组织发布的《全球创新指数报告》，2012 年，我国排名为第 34 位，而到了 2021 年上升了 22 位，排到了第 12 位，2022 年再次上升 1 位，到第 11 位，十年间实现了稳步上升。

同时，企业在推动我国自主创新体系建设中的作用不断凸显，企业的自主知识产权数量不断增加，截止到 2022 年底，国内企业中拥有有效发明专利的数量为 35.5 万家，较上年增加 5.7 万家。不仅涌现了一批高新技术企业、专精特新"小巨人"、独角兽和瞪羚企业，华为、海尔、联想等一批龙头企业在各自不同领域正在带领中国智造走向世界，成为我国抢占科技创新制高点、推动产业迈向全球价值链中高端的重要力量。成立之初的联想也是从模仿创新开始，通过 PC 技术、管理模式、营销模式的借鉴学习，成长为 PC 智造的领军型企业。创新型城市的建设中更要立足自身情况，吸引和培育更多创新型企业，集聚创新要素，加强原始性创新，提升自主创新能力，在集成创新基础上形成具有全球竞争力的产业集群。

三 空间战略：从"单打独斗"向"协同创新"转变

第四次科技革命带来更深层次的技术革新和产业变革，引领人类科技水平发展的前沿科技中"大科技"的作用更加凸显，"大科技"的发展不仅需要投入更多的研发经费、时间成本和人力资源，更表现为多学科、多领域、多主体融合的特点，导致科技创新在组织方式、主体地位以及创新成果分布等方面发生了根本性变化。新的科技创新范式下，创新不再仅仅依托科研机构和实验室，不仅需要不同区域乃至不同国家之间建立跨区域的协同创新体系，更需要研发机构、高校、企业、投资主体等多元主体共同参与，建立创新链与产业链、创新链与资金链等各环节之间相互融通的创新组织，以及基础研究与技术研发协同突破的产业创新体系。为了满足数字经济时代科技创新要求与趋势，以大科学为基础的原始创新、颠覆式创新地位增强，更需要建立开放共享、协同高效的跨区域协同创新体系。

2014年6月9日，习近平总书记在中国科学院第十七次院士大会、中国工程院第十二次院士大会上指出："传统意义上的基础研究、应用研究、技术开发和产业化的边界日趋模糊，科技创新链条更加灵巧，技术更新和成果转化更加快捷，产业更新换代不断加快。"随着创新链与产业链、资金链的多链条融合，不同于以往"基础研究、应用研究、成果转化"三位一体的线性创新模式，扁平化的趋势愈发明显，基础创新与制造生产之间、科研院所与企业之间的联系愈发紧密，"单一源头创新"逐渐向"多元过程创新""需求导向创新"转变，问题导向的基础研究与应用研究结合更加紧密，产学研合作更加深入，科技创新成果转化周期在缩短，基础研究、开源创新的作用更重要，产学研合作新模式正在加快形成。通过促进创新链、产业链、人才链、资金链等一体化发展，为原始创新策源、关键技术突破、高水平人才培育、科技成果高效转化提供了内在驱动力。

科技创新复杂程度不断提高，新的学科分支不断涌现，学科之间更需要交叉和渗透，科学研究分工也更加专业化和精细化，单个地区的创新能力无法有效应对大科学时代的科技创新要求，不同研究领域和研究团体之间的相互协同和合作成为新时代科学研究的重要基础和保障。尤其是大科学工程，更需要调动多部门跨地域和多层次跨学科的综合性力量。区域协同创新可以有效推进资源要素在不同地区和各个链条之间的协同整合和优化配置，有利于各地区之间发挥各自比较优势，实现优势互补、深度融合，是推动区域高质量一体化发展、提升区域科技创新效能的重要路径。打造跨区域的协同创新共同体，已然成为国家和区域提升科技创新和产业创新效能的重要组织方式。欧盟围绕气候变化、可持续能源、未来信息技术三个方面，组建了"创新工程学院"（EIT）。京津冀依托中关村国家自主创新示范区和天津滨海国家自主创新示范区，提出跨区协同创新，共同推进实现全国科技创新中心的目标。粤港澳大湾区更是跨越制度障碍，充分利用香港的金融和现代服务业比较优势，以及广东体系完整的制造业优势，实现协同共赢。综合来看，创新共同体的构建能够形成显著的资源集聚效应和创新协同优势。通过整合行业领军企业、高校、科研院所和国家重点实验室等优质创新资源，促进人才、资本、技术、数据等核心要素实现跨区域协同共享与高效配置，为关键技术创新突破提供强大支撑。

第二节 中国创新型城市建设的实践逻辑

习近平总书记指出："各地区要立足自身优势，结合产业发展需求，科学合理布局科技创新。要支持有条件的地方建设综合性国家科学中心或区域科技创新中心，使之成为世界科学前沿领域和新兴产业技术创新、全球科技创新要素的汇聚地。"[1]我国正在开启全面建设社会主义现代化国家的新征程，经济增长的速度、结构、动力都在发生转换，亟须从追求速度、规模增长向追求发展质量、结构优化转变。立足新发展阶段、贯彻新发展理念、构建新发展格局，我国创新型城市建设正在成为实现科技自立自强，加快构建创新型国家和科技强国的战略支点。

一 中国创新型城市建设的发展进程

中国一直在积极探索创新型国家和创新型城市建设路径，作为区域经济社会发展的中心和引擎，创新型城市是完善国家创新体系的重要内容和主要支撑。2005年10月，党的十六届五中全会首次提出要提高自主创新能力，建设创新型国家的战略构想。2006年，国务院进一步落实《国家中长期科学和技术发展规划纲要（2006—2020）》（国发〔2005〕第044号）和《关于实施科技规划纲要 增强自主创新能力的决定》，并提出到2020年使我国进入创新型国家行列，国家创新体系建设正式进入全面部署实施阶段。2006年1月，中共深圳市委、市政府随即做出《关于实施自主创新战略建设国家创新型城市的决定》，并制

---

[1] 习近平：《在中国科学院第二十次院士大会、中国工程院第十五次院士大会、中国科协第十次全国代表大会上的讲话》，人民出版社2021年版，第12页。

定了20多个相关配套政策，形成推动自主创新的"1+N"政策体系，并且提出了"深圳六个90%"创新密码，全国也掀起了建设创新型城市的高潮。党的十七大报告提出要把"提高自主创新能力，建设创新型国家，坚持走中国特色自主创新道路"作为国家发展的战略核心。

党的十八大以来，创新更是位于新发展理念之首，加快实施创新驱动发展战略受到党中央的高度重视。习近平总书记在2016年就强调要"加快打造具有全球影响力的科技创新中心，建设若干具有强大带动力的创新型城市和区域创新中心"[1]。党的十八大报告正式提出实施创新驱动发展战略，明确"必须把创新摆在国家发展全局的核心位置"，强调科技创新是提高社会生产力和综合国力的战略支撑，创新驱动发展战略更是成为唯一一个在标题中出现的国家战略。党的十八届五中全会将"创新"置于新发展理念之首，必须把发展基点放在创新上，并提出要塑造更多依靠创新驱动、发挥先发优势的引领型发展。2016年5月20日，中共中央、国务院发布《国家创新驱动发展战略纲要》，明确了未来30年创新驱动发展的目标、方向和重点任务，是对创新驱动发展战略进行的顶层设计和系统谋划。

随着党的十九大的召开，中国进入了新时代，经济由高速增长转向高质量发展，进入以知识、技术、信息、数据等新生产要素和以新技术、新产业、新业态、新模式等新经济形态为支撑的创新驱动新发展阶段。中国快速崛起的新动能，正在重塑经济增长格局、深刻改变生产生活方式，成为中国创新发展的新标志。通过创新驱动来转方式、调结构，实现新旧动能转换，引领新一轮发展。党的十九大报告明确提出"创新是引领发展的第一动力"，十九大报告中"创新"一词更是出现了50余次，进一步明确"坚持创新在我国现代化建设全局中的核心地位，把科技自立自强作为国家发展的战略支撑"。党的十九届五中全会提出"坚持创新驱动发展，全面塑造发展新优势"的战略任务，创新在现代化建设全局中的核心地位凸显。党的二十大报告提出，坚持创新在我国现代化建设全局中的核心地位，加快实现高水平科技自立自强，

---

[1] 习近平:《为建设世界科技强国而奋斗——在全国科技创新大会、两院院士大会、中国科协第九次全国代表大会上的讲话》,《人民日报》2016年6月1日第2版。

加快建设科技强国,并对完善科技创新体系、加快实施创新驱动发展战略等作出专门部署。习近平总书记在党的二十大报告中强调,必须坚持科技是第一生产力、人才是第一资源、创新是第一动力,深入实施科教兴国战略、人才强国战略、创新驱动发展战略,开辟发展新领域新赛道,不断塑造发展新动能新优势。

2008年6月12日,经科技部与国家发展和改革委员会批准,深圳成为全国首个创建国家创新型城市试点城市,随后全国有200多个城市纷纷提出建设创新型城市的目标,并提出具体的实践规划。2010年初,在深圳"先行先试"后,为深入贯彻中共中央、国务院关于加快提高自主创新能力、建设创新型国家的重大决策部署,促进区域经济社会又好又快发展,国家发展改革委《关于推进国家创新型城市试点工作的通知》(发改高技〔2010〕30号)再次部署大连、厦门、青岛、沈阳、广州、西安、南京、成都、杭州、合肥、济南、郑州、苏州、无锡、长沙和烟台16个城市开展创建国家创新型城市试点。

2010年1月,科技部召开的全国科技工作会议上,20个城市(区)被确定为2010年首批国家创新型试点城市(区),包括北京市海淀区、天津市滨海新区、河北省唐山市、内蒙古自治区包头市、黑龙江省哈尔滨市、上海市杨浦区、江苏省南京市、浙江省宁波市、浙江省嘉兴市、安徽省合肥市、福建省厦门市、山东省济南市、河南省洛阳市、湖北省武汉市、湖南省长沙市、广东省广州市、重庆市沙坪坝区、四川省成都市、陕西省西安市、甘肃省兰州市。2010年4月,科技部第二批"国家创新型试点城市"又批复了昆明、常州、南昌、福州、太原、石家庄、南宁、海口、景德镇、银川、贵阳、宝鸡、新疆昌吉市13个城市。2011年增加了连云港、西宁、秦皇岛、呼和浩特、镇江、长春6个城市;2012年国家层面创新驱动发展战略的正式提出加速了创新型城市建设的步伐,增加南通、乌鲁木齐、石河子市3个城市;2013年4月,科技部正式发文,公布了宜昌市、扬州市、泰州市、盐城市、湖州市、萍乡市、济宁市、南阳市、襄阳市、遵义市、青岛市、杭州市12个国家创新型试点城市。2018年4月国家出台《科技部 国家发展改革委关于支持新一批城市开展创新型城市建设的函》(国科函创〔2018〕59号),又选择了17个城市开展创新型城市建设,包括吉林市、徐州市、绍兴市、金华市、马鞍山市、芜湖市、泉州市、龙岩市、潍坊市、东营市、株洲市、衡阳市、佛山市、东莞市、玉溪市、拉萨市、汉中市，引导城市加快创新驱动发展。

2022年1月，科技部发布了《关于支持新一批城市开展创新型城市建设的通知》（国科发区〔2022〕5号），为深入贯彻落实党的十九届五中、六中全会精神和国家"十四五"规划纲要部署，充分发挥创新型城市对于实现高水平自立自强和建设科技强国的战略支点作用，将支持东部地区的保定市、邯郸市、宿迁市、淮安市、温州市、台州市、淄博市、威海市、日照市、临沂市、德州市、汕头市，中部地区的长治市、滁州市、蚌埠市、铜陵市、新余市、新乡市、荆门市、黄石市、湘潭市，西部地区的柳州市、绵阳市、德阳市，东北地区的营口市25个城市开展创新型城市建设。截至2022年底，科技部和国家发展改革委共支持建设国家创新型城市（区）103个，这些地区占全国人口的51%，全国R&D经费投入的85%、地方财政科技投入的72%，覆盖全国GDP的67%，全国高新技术企业的85%，在创新型国家建设中发挥了重要作用。

创新型城市以创新发展为基本理念，积极探索各具特色的创新发展路径，涌现出一批创新型发展的引领城市和标杆城市。2014年2月，习近平总书记视察北京时指示，北京要坚持和强化首都全国科技创新中心的核心功能，北京全国科技创新中心的定位成为党中央赋予的新使命。同年5月，总书记视察上海时明确要求"上海要努力在推进科技创新、实施创新驱动发展战略方面走在全国前头、走在世界前列，加快向具有全球影响力的科技创新中心进军"，开启了上海科创中心建设的历史时刻。1987年，南京市被国务院批准为全国科技体制改革试点城市之一，2009年4月10日，科技部正式批复，南京成为全国唯一的科技体制综合改革试点城市。2021年6月，科技部复函支持南京建设引领性国家创新型城市，这是对南京一直以来深入实施创新驱动发展战略，持续完善科技创新体系，在创新型城市建设方面取得成绩的重要肯定，进一步凸显了南京在全省、全国科技创新发展格局中的重要地位。

二 中国创新型城市建设的主要特征

（一）从政策演进来看，地方先行先试早于中央政策出台

2005年，深圳市第四次党代会，在全国率先提出要"实施自主创

新战略，建设自主创新型城市"，并同时印发了《深圳市建设创新型城市工作方案》，由此不同城市也掀起了自发创建创新型城市的热潮，这些先行先试的做法都为中央正式的政策出台，以及各城市后期入选试点城市奠定了重要基础。2008年，中央政策层面正式开始创新型城市试点工作的推进，深圳被确立为首个创新型城市试点城市，并鼓励其他城市学习深圳经验，各地开始了自主探索的阶段。随后2010年中央正式出台指导意见等政策文件，先是国家发展改革委出台《关于推进创新型城市试点工作的通知》，随即科技部印发《关于进一步推进创新型城市试点工作的指导意见》的通知，不仅提出了进一步推进创新型城市的具体措施，更是对已有试点城市成果给予肯定并进行推广。在这一阶段中，2010年中央选取的创新型城市试点数量最多，从2012年开始，保持稳定逐年递增（见图3-1），国家创新型城市试点工作趋于常态化稳定推进的阶段。随着试点城市数量不断增加，试点范围持续扩大，配套评估机制日趋完善，推动试点工作重心实现了从"规模扩张"到"质量提升"的战略转型，这一转变标志着我国城市创新政策正在进入精细化、高质量发展的新阶段。

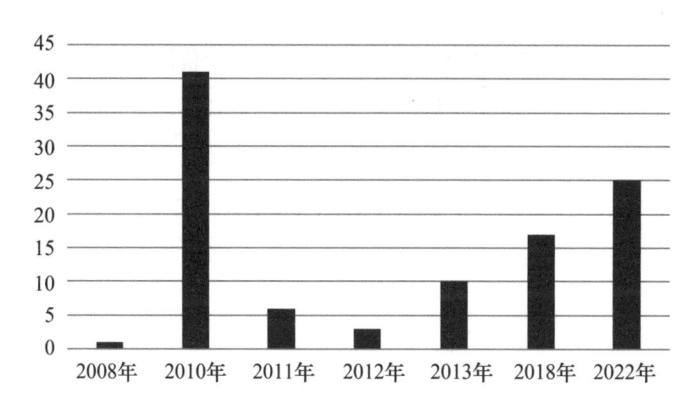

图3-1 国家创新型城市试点的数量变化

（二）从地域分布来看，创新型城市空间分异特征明显

从"创新型城市"试点批复的城市空间分布来看，被批准建立"创新型城市"试点的区域多集中在东部沿海省市，占总数的一半左右（48.54%），其中最多的是江苏省，有13个，第二名是山东省，有11

个。中部地区和西部地区被确定为创新型试点的城市数量基本持平，分别为 26 个和 21 个，其中，中部地区比较多的是安徽省和湖北省，均有 6 个城市；西部地区中陕西、四川和新疆均有 3 个；东北地区的三个省份也表现出梯度递减趋势，分别是辽宁省 3 个、吉林省 2 个、黑龙江省 1 个。另外，各省省会城市基本在试点城市之列，体现了创新型城市引领区域发展在国家创新驱动发展战略中的重要作用和意义。

从 2019 年开始，针对当时已经批复的 78 个城市的创新情况，由科技部和中国科学技术信息研究所连续三年对这些城市的创新情况进行评价，发布了《国家创新型城市创新能力监测报告》和《国家创新型城市创新能力评价报告》两份报告。2020 年开始，该评价结果主要基于 5 个一级指标和 30 个二级指标的评价指标体系，其中 5 个一级指标包括原始创新力、技术创新力、创新治理力、成果转化力和创新驱动力。根据国家创新型城市创新能力评价报告，可以看出试点城市的创新能力差距明显，如表 3-1 所示，三年来，深圳、杭州、广州、南京一直稳居前四名，苏州、武汉、西安、长沙基本在第五名至第八名，合肥、青岛、成都、厦门四个城市在第十名左右徘徊。

表 3-1　不同年份国家创新型城市创新能力评价排名

城市	2021 年排名	2020 年排名	2019 年排名
深圳	1	1	1
杭州	2	3	2
广州	3	2	3
南京	4	4	4
苏州	5	7	6
武汉	6	5	5
西安	7	6	7
长沙	8	8	8
合肥	9	14	10
青岛	10	10	12
成都	11	9	13
厦门	12	11	9

资料来源：2019 年、2020 年、2021 年的《国家创新型城市创新能力评价报告》。

(三) 从发展模式来看，创新集群成为重要发展引擎

2010年正式启动的国家创新型城市建设工作有力地推动了我国创新型国家建设，各创新型城市积极探索各具特色的创新发展模式，创新能力和创新效率有了显著提高，在提升源头创新水平、打造创新创业生态、促进区域协同创新等方面作用显著。但从试点城市的空间分布也可以看出，创新能力比较强的深圳、杭州、广州、南京、苏州等城市基本分布于长三角和珠三角等相对成熟的创新城市群。创新型城市的建设往往受到地理空间边界和行政区划的制约，不同的地理区位以及与周边城市的关系影响创新要素的流动与集聚，制约整体创新能级的提升。以城市群为主体的创新集群是转变发展方式、优化经济结构、转换增长动力的新引擎，是经济发展质量变革、效率变革、动力变革的重要驱动因素。截止到2022年5月，国家共设立了23个国家自主创新示范区，创新集群呼之欲出，正在形成一批区域创新高地。《中国城市和产业创新力报告2017》指出，中国的创新活动主要集中于长三角、珠三角和环渤海这三个"创新集群"。特别是长三角城市群、粤港澳大湾区城市群等，有潜力成为与北美五大湖城市群、东京湾区、纽约湾区、旧金山湾区等相媲美的世界级城市群。

三 中国创新型城市建设的典型案例

(一) 武汉创新型城市发展历程

作为长江经济带核心城市、中部崛起战略支点、全面创新改革试验区，也是全国重要的智力密集区之一，武汉正致力于打造成为具有全国影响力的科技创新中心。改革开放以来，武汉科技创新发展历程可以分为如下几个阶段：

第一阶段：先行先试锚定科创导向（1978—1991年）。

从"汉阳造"到武钢、武重等一批"武字头"企业，武汉曾经是全国最大的重工业城市，对新中国经济社会发展做出了重要贡献。随着改革深入，产业过重、结构单一等发展弊端凸显，武汉一度被边缘化，变革发展之路迫在眉睫。1981年，武汉成立全国首家科技中介服务公司，在国内首次提出"科技成果商品化，科技服务社会化"的服务宗旨。1982年，武汉市城市总体规划将武汉的城市性质确定为：湖北省

政治、经济、科学、文化中心，中国重要水陆交通枢纽之一，以冶金、机械工业为主，轻、化、纺、电子工业都具有一定规模的综合性大城市。1984年，"武汉技术市场"作为全国第一家技术市场正式成立，大量的技术商品信息和交易开始向武汉集聚。1987年，武汉建立了东湖创业者服务中心，也是当时全国第一家科技企业孵化器。1987年，武汉市第七次党代会提出以改革为动力，以开放为先导，以搞活企业为中心，依靠科技进步，推进技术改造。在科技创新领域，武汉敢为人先的开创之举为城市科创事业发展奠定了重要基础。

第二阶段："中国光谷"引领武汉科技走向世界（1992—2001年）。

随着改革开放的发展和综合经济实力的增强，尤其是作为邓小平南方视察第一站的改革思想发源地，武汉的发展目标作出积极调整，市第八次党代会提出，要把武汉市建设成为"四城雄踞、三区崛起、两通发达"的我国中部地区经济中心、贸易中心、金融中心、交通中心和科教中心，进而逐步建设成为经济实力强，文明程度高，城乡一体化的开放型、多功能、现代化的国际性城市。1995年，武汉市国有资产经营公司作为全国第一家资本运营公司正式成立，开创了一种新型营运体系，包含了国资委—国有资产营运机构—企业三个层次，也就是当时与深圳模式、上海模式并称的国有企业改革的"武汉模式"。1997年，市第九次党代会提出三大创新方针，即大力推动制度创新、结构创新、环境创新。2001年，"武汉·中国光谷"批准建立，这是全国首个专业化集群产业基地。目前，"中国光谷"在光纤光缆制造、光通信领域研发、IC卡网络产品生产、激光设备生产等领域成功问鼎中国第一，奠定了武汉在全国创新产业版图中举足轻重的地位。同年，武汉全面启动科研院所改制，大力支持武汉邮电科学研究院、武汉钢铁设计研究总院等工程科技类科研院所向企业化转制，培育了烽火科技、中冶南方、中国五环工程公司等一大批行业领军企业，推动武汉工程设计走向世界。

第三阶段：顺应潮流建设国家创新型城市（2002—2011年）。

湖北省委、省政府在2004年颁布《关于加快推进武汉城市圈建设的若干意见》，为武汉的率先发展奠定了重要的战略支撑。2006年召开的第十一次党代会，提出把武汉建成全国重要的科技教育基地、交通通信枢纽，中部地区的现代制造业、现代服务业中心，成为促进中部地区崛起的重要战略支点，进而为建设国际性城市奠定坚实基础。武汉在提升自主创新能力、加快高新技术产业发展等方面不断加快步伐，一系列相关政策的出台和落地，支撑和引领武汉率先在中部崛起，2009年武汉市获批综合性国家高技术产业基地，武汉东湖开发区获批国家自主创新示范区。中共武汉市委武汉市人民政府《关于增强自主创新能力争创国家创新型城市的决定》（以下简称《决定》）形成了十大创新点，包括加大投入、税收激励、政府采购、创新人才、知识产权、民营科技企业、争创国家品牌等具体创新任务。同时，该《决定》提出建设"六个十的科技工程"，即十个高新技术产业化示范基地、十个销售收入3亿元以上的创新型企业、十佳民营科技型示范企业、十个科技企业孵化基地、十个工程（技术）研究中心、十个重大技术标准。2010年发布的《关于强化企业技术创新主体地位 提升企业自主创新能力的若干意见》和《武汉市建设国家创新型试点城市实施方案》等，从全面提升企业自主创新能力、推行知识创新、技术创新、制度创新相协调的"全面创新管理"等方面提出武汉建设国家创新型城市的重点实施方案。2011年，第十二次党代会进一步明确将武汉建成立足中部、面向全国、走向世界的国家中心城市的战略目标。

第四阶段：中部崛起铸就"复兴大武汉"（2012年以来）。

在中部崛起战略引领下，借助中国经济地理中心的独特优势，武汉推进全面创新改革、建设国家创新型城市，全力构建支撑城市未来发展的现代产业体系和科技创新生态，努力成为国家产业创新体系的重要一极。2015年，全市建设国家创新型城市动员大会暨市委十二届八次全体（扩大）会议明确提出全方位、全体系、全区域、全领域推进全面创新改革，加快建设国家创新型城市。同年，武汉获批"全面创新改革试验区"，探索创造了一批全国首提首创首试的政策举措和实践做法，逐步形成"产业链、创新链、人才链、资金链、政策链"五链统筹创新网络。发布的"1+9"政策文件，确定了一系列"真金白银"的政策措施，为武汉建设国家创新型城市制定了最坚实的行动指南。2016年，国家将打破国外芯片技术和产品垄断的战略使命赋予武汉，启动总投资达300亿美元的国家存储器基地项目。同年，国家网络安全人才与创新基地落户武汉，国内首个"网络安全学院+创新产业谷"基地正在变成现实。2017年，武汉成为首批"中国制造2025"试点示范城市，武汉信息光电子创新中心、数字化设计与制造创新中心先后获批国家级制造业创新中心，武汉成为全国第三个有两家国家级制造业创新中心落户的城市。2019年起，武汉实施高企三年培育行动计划，高新技术企业总体数量突飞猛进。2021年，《武汉市科技创新发展"十四五"规划》明确提出"紧扣国家中心城市、长江经济带核心城市和国际化大都市总体定位，聚焦打造具有全国影响力的科技创新中心"。2022年3月，市人民政府关于印发《武汉市进一步加快创新发展若干政策措施》提出，把科技创新"关键变量"转化为高质量发展"最大增量"，加快建设具有全国影响力的科技创新中心和湖北东湖综合性国家科学中心。随着人流、物流、信息流等创新要素的加快集聚，武汉的科技创新步伐正在不断加快。

（二）西安创新型城市发展历程

西安是丝绸之路的起点城市、"一带一路"核心区，改革开放40多年来，由"千年古都"不断转型成为"硬科技之都"，西安科技创新发展经历了如下几个阶段：

第一阶段：科技创新焕发城市活力（1978—1989年）。

1978年，西安市科学大会召开，制定了西安市科学发展规划，同年，成立了西安市科学技术委员会，20世纪80年代开始，科技创新发展在城市发展中的位置更加重要。作为第一个包含科技成果奖励的地方性规章，西安市在1982年发布了《科学技术研究成果鉴定及管理试行办法》。尤其是1984年，党中央国务院提出"加速技术成果商品化、开放技术市场"，"促进科技成果转化"成为西安科技工作的重点。1985年，西安开办了常设性的"技术市场"，引领了西部科教改革。1987年，西安被列为全国金融体制改革试点城市，金融体系由单一的国有银行向多种金融机构并存转化，一批信托投资公司、证券公司、邮政储蓄所和城市信用社相继建立。1989年，西安市科委设立了技术市场办公室，为加速科技成果产业化、促进技术市场健康有序发展提供了保障，有力地促进了技术商品交易。

第二阶段：基础先行营造创新环境（1990—2001年）。

1991年，西安高新区成为国务院首批国家级高新区，以电子信息、生物医药、先进制造和现代服务业为主的现代产业体系逐渐凸显，为西安高技术产业的快速发展奠定了基础。1992年，国务院批准西安为内陆开放城市，从此，西安在走向国际化的道路上迈出了第一步。尤其是西安启动了第三次《西安市城市总体规划（1995—2010年）》，明确了西安的城市空间发展布局，使西安的城市环境得到进一步优化，为把西安建设成为外向型的现代创新城市奠定了良好基础。1994年以来，西安市率先在全国开展"技术转让价格模型"研究，组建了"西安市科信无形资产评估所"，其研究成果"价格模型及咨询系统"被国家科委推荐为"西安模式"。

第三阶段："西部大开发"助力创新发展（2002—2012年）。

"驼铃古道丝绸路，胡马犹闻唐汉风。"西安以"一带一路"建设为重点，加速转变经济发展方式和城市创新路径，2002年被联合国工业发展组织评为中国最具创新竞争力的六个城市之一。西部大开发战略实施以来，也加快了西安的经济社会发展和创新步伐。2010年，西安市启动"双千人才创新创业引导行动"，以院士创业工程和青年科技人才创业计划为支撑，引导1000名科技人员开展创业行动。同年，《西安创新型城市试点工作实施方案》指出，依托历史文化、科技教育、人才资源创新优势，激活高等院校、科研院所、军工科技和企业创新潜力，为创新型国家建设探索路径，实践"知识—技术—产业"互动创新的西安创新型城市发展模式。2012年1月，西安市第十二次党代会提出，深入推进西部大开发战略和实施《关中—天水经济区发展规划》的机遇，全力推动科学发展和加快转变经济发展方式。

第四阶段：转型升级塑造"硬科技之都"（2013年以来）。

以打造全球硬科技之都为目标，西安先后出台了《西安市发展硬科技产业十条措施》《"创业西安"行动计划（2017—2021）》等支持政策，持续加大科技投入力度，加快推进创新创业。2014年，西咸新区作为首个以创新城市发展方式为主题的国家级新区在西安成立，西安统筹科技资源改革示范基地（简称科统基地）是西咸新区重要的产业板块和经济引擎，同时也是"大西安科创引领轴"和"大西安新中心核心区"的重要组成部分。2015年，国务院批复同意西安高新区建设国家自主创新示范区（这是继北京中关村、上海张江之后的全国第9个自主创新示范区），同年，西安也成为八个全面创新改革试验区中的一员。2017年，中共西安市委发布《关于落实"五新"战略任务加快补齐"十大短板"的决定》，其中专门提出成立硬科技发展联盟，在新一代信息技术、航空航天、新材料、人工智能等领域，加大资金支持，打造硬科技"八路军"。同年，发布《发展硬科技产业十条措施》，举办全球硬科技创新大会，进一步明确了发展硬科技的具体任务。2020年，高新区率先启动全国首个"硬科技创新示范区"建设，设立西安中科硬科技创新研究院，探索未来全国硬科技发展的方向和路径。2022年1月，《西安市"十四五"科技创新发展规划》提出，到2025年，基本建成具有国际竞争力的丝路科创中心，争创国家区域科技创新中心，迈入全球高水平创新型城市行列，成为全球创新网络关键节点。

（三）成都创新型城市发展历程

作为古蜀文明发祥地，成都正逐步成长为领先西部、国内一流、国际知名的创新型城市，加快建设具有全国影响力的科技创新中心。其科技创新发展主要经历了如下阶段：

第一阶段：体制改革强化科教兴川（1978—1997年）。

改革开放之初，四川科研单位扩大自主权改革试行，全省开展科技体制改革，1984年，四川省委、省政府就出台了《关于加快科技体制改革的几点意见》，同年，中国首座大型受控热核聚变实验装置"中国环流器1号（HL-1）"在西南物理研究所建成并顺利启动，获国家科技进步奖一等奖。1985年，四川提出"经济建设必须依靠科学技术，科学技术工作必须面向经济建设"的科技发展新方针，科技体制改革更加深入和全面。随后，相继发布了《关于加快和深化科技体制改革，促进科技进步和经济发展的暂行规定》《四川省加快科技体制改革方案要点》等一系列举措，明确提出在20世纪90年代逐步建立起适应社会主义市场经济发展、符合科技自身发展规律、科技与经济密切结合的新型科技体制和运行机制，提出实施"科技兴川千亿工程"，这些在科技领域的创新之举为后续城市创新奠定了良好的先决条件。

第二阶段：区域联动构建创新体系（1998—2011年）。

1999年，国家推进创新体系建设，省级层面的科技体制改革不断深入，开始从企业层面向区域性层面转变。2000年，中国第一个国家高技术研究发展计划信息安全产业化基地在成都高新区奠基。2005年，"天府新谷"获批成为全国首个国家级民营科技企业孵化器。2010年，成都获批创建国家创新型城市试点，同年，《成都市国家创新型城市建设规划（2010—2015）》提出了四大任务：健全区域创新体系、构建创新产业体系、创新城乡统筹路径、优化区域创新环境。2010年，全市高新技术产业实现产值2070亿元，是2005年的2.7倍；高新技术产业增加值占工业增加值的比重达44.7%，比2005年提高9.7个百分点；高新技术产业实现利税290.1亿元，是2005年的3.5倍。成都建设国家创新型城市的目标更加明确，科技创新机制更加全面系统。

第三阶段：高质量打造"天府之国"（2012年以来）。

围绕建设国家创新型城市的目标，成都出台了《关于实施创新驱动发展战略　加快创新型城市建设的意见》《支持企业创新能力建设若干政策》《创新型城市建设2025规划》《促进国内外高校院所科技成果在蓉转移转化若干政策措施》《关于深入实施创新驱动发展战略　加快建设国家重要科技中心的意见》等一系列政策文件，2017年4月，成都市第十三次党代会更是明确提出"坚持把创新作为引领发展的第一动力，基本形成全面创新改革试验和自贸试验区建设'双轮驱动'的创新创造新格局，加快形成以创新为引领的经济体系和发展模式，基本建成国家创新型城市、具有国际影响力的创新创业中心"。2020年初，成渝地区双城经济圈建设上升为国家战略，其中提出了加快打造具有全国影响力的科技创新中心，成渝共建西部科学城，加快建设高质量发展新的增长极和动力源。成都开启了加快科技创新中心的建设步伐，并相继出台了《中共成都市委关于全面推进科技创新中心建设　加快构建高质量现代产业体系的决定》《成都市科技创新中心建设条例》等。2022年5月，《成都市"十四五"科技创新规划》提出，立足构建"1+4+N"创新空间布局，成都将联动打造"成德眉资创新共同体、成渝地区科技创新和协同创新示范区、'一带一路'创新枢纽"区域协同创新体系。

成都相继获批建设国家科技成果转化服务（成都）示范基地、全国专利保险试点城市、国家首批智慧城市试点示范城市、国家自主创新示范区、国家知识产权强市创建市，成都双创"第四城"的名片享誉全国。抢占科技创新制高点，成都获批建设国家新一代人工智能创新发展试验区，并立足区域实际、错位其他城市，提出"成都方案"，在试验区牵引带动下，成都还成为西部首个国家人工智能创新应用先导区，成功创建国家智能社会治理实验基地，在试验区和先导区双轮驱动下，2021年，全市培育引进人工智能企业597家，企业数量排名全国第5，人工智能产业规模达413.9亿元。围绕建设具有全国影响力的科技创新中心目标，成渝综合性科学中心加快建设，西部（成都）科学城、天府实验室、国家川藏铁路技术创新中心等正在成为重要的创新载体。

第三节　中国创新型城市建设的未来趋势

一　宏观层面：主动融入全球创新网络

百年未有之大变局下，全球新一轮科技革命和产业变革纵深发展，"地方空间"向"流动空间"转变，全球经济纽带正从"全球生产网络"向"全球创新网络"升级，世界城市的核心竞争力从生产要素为主导转向创新要素控制，创新成为世界经济持续增长的动力来源，也成为世界城市迎接产业革命、实现经济繁荣的重要途径。在经济全球化背景下，知识、技术、资本、人才、文化等创新要素正在突破地域和国家的限制，在全球范围内自由流动，全球创新网络正在加速重构。构建更加自由开放的创新环境，促进国际科技创新合作、主动融入全球创新网络，成为先行国家和地区创新实力不断增强的重要原因。发达国家正在通过强化知识产权战略、主导全球标准制定、构筑技术和创新壁垒等手段，力图在全球创新网络中保持主导地位，但随着新型研发组织和创新模式的出现，科技创新活动日益大众化和网络化，以新兴市场国家为代表的广大发展中国家的创新实力显著提升，创新合作需求与日俱增。

随着我国科技创新能力的不断提升，全球科技创新合作也正在全面深化，正在形成科技创新合作新格局。尤其是党的十八大以来，我国始终坚持全球站位，持续推动对外科技合作交流，积极参与全球创新治理，深入实施"一带一路"科技创新行动计划，为全球重大科技议题和挑战贡献中国智慧、提供中国方案。2016年6月，《"十三五"国家科技创新规划的通知》提出，"以全球视野谋划和推动创新，提升国际科技创新合作水平，深度融入全球创新体系"。2018年5月，习近平总书记在两院院士大会上指出，"科学技术是世界性的、时代性的，发展科学技术必须具有全球视野。不拒众流，方为江海"。"要全方位加强国际科技创新合作，积极主动融入全球科技创新网络"。2022年，习近平主席出席二十国集团领导人第十七次峰会第一阶段会议时强调"各国要树立人类命运共同体意识，倡导和平、发展、合作、共赢，让团结代替分裂、合作代替对抗、包容代替排他，共同破解'世界怎么了、我们怎么办'这一时代课题，共渡难关，共创未来"。党的二十大报告更是明确提出，"扩大国际科技交流合作，加强国际化科研环境建设，形成具有全球竞争力的开放创新生态"。科技创新合作的广度和深度都在不断延伸扩展，全面融入全球创新网络的步伐不断加快，目前，我国已经和160多个国家和地区建立了科技合作关系，签订了116个政府间科技合作协定。[①] 尤其是当下疫情、气候变化等不确定因素已经成为全球共同面对的挑战，充分发挥各国各地区的科技创新优势，不断推动科技创新开放与合作，共谋创新发展大计，共建人类美好家园已经成为全球共识。

二 中观层面：多层级区域协同创新

随着新科技革命加速推进，关键共性技术、前沿引领技术、现代工程技术、颠覆性技术创新等引领性作用不断增强，科学技术成果总量呈加速度发展，技术更新和成果转移速度不断加快，科学研究集体化特征越来越明显，科技创新也逐渐向一体化、协作化、全球化方向发展。从国内外发达地区科技创新发展经验来看，高度一体化的创新型城市群通过打破区域壁垒，推动创新要素的流动和创新资源的整合，已形成了资源集聚、体系整合、利益共享的创新共同体。回顾我国城市创新发展历程，在发展早期，北京、上海和深圳等创新优势明显的城市率先发起，以期形成可复制推广的经验。中关村国家自主创新示范区成为第一个国家自主创新示范区以来，截至2021年底，已经在全国范围内，批复国

---

① 《携手促进科技创新　更好造福各国人民》，人民网，2023年5月29日。

家自主创新示范区 23 个，国家级高新区 169 个，创新发展战略正在由单个城市向"组团式""体系化"转变。

根据首都科技发展战略研究院发布的《中国城市科技创新发展报告（2021）》，目前，我国形成了多个创新集聚区，以中心城市和城市集聚区带动的全域创新发展格局正在形成，包括以北京为中心引领的京津冀；以上海为中心引领的长三角；以香港、澳门、广州、深圳为中心引领的粤港澳大湾区创新集聚区；以成都、重庆为中心引领的成渝双城创新集聚区；以武汉为中心引领的长江中游创新集聚区和以西安为中心的关中平原创新集聚区。以粤港澳大湾区为例，从横琴粤澳合作中医药科技产业园，到松山湖科学城，再到河套深港科技创新合作区，大湾区新兴技术原创能力和科技成果转化能力显著提升，区域协同创新取得了显著成效。世界知识产权组织发布的《2021 年全球创新指数报告》显示，全球创新集群 Top100 中"深圳—香港—广州"创新集群排名第二。G60 科创走廊以松江为"起点"，正在形成长三角城市协同创新的新机制，上海、杭州、苏州、合肥等城市分别根据自身的技术和产业优势，形成合理的产业分工新格局。

国家发展改革委出台的《关于培育发展现代化都市圈的指导意见》明确提出，"未来要形成区域竞争新优势，必须培育发展一批现代化都市圈"。继《南京都市圈发展规划》的正式批复，截止到 2022 年底，先后有福州都市圈、成都都市圈、长株潭都市圈、西安都市圈、重庆都市圈、武汉都市圈，再加上南京都市圈，共计 7 个都市圈规划获得国家层面批复，2023 年，又相继批复了沈阳都市圈、杭州都市圈、青岛都市圈、广州都市圈、深圳都市圈、郑州都市圈等。随着全国创新基础不断完善，创新能力显著提升，跨区域的协同创新成为国家和区域创新实践的重大部署。国家创新驱动发展战略不再仅仅局限于单个城市，正在加快向跨区域联动创新转变，促进创新资源在更大范围内优化配置，城市群和都市圈成为引领创新发展的重要载体。

三　微观层面：创新型城市系统构建

近现代以来，英、法、德、美、日等国家先后抓住历次工业革命契机，将其国内若干城市区域发展成为当时世界重要的科技和产业创新中心,是推动其"先发先至"成为"发达国家"的重要因素。面对当前新的重大历史机遇,我国积极提出建设创新型国家和创新型城市的重大布局,将创新型城市建设作为一个国家和地区科技创新能力提升的重要着力点。从创新型城市的系统构建来看,需要实现三个关键突破:一是在战略定位上,要深度融入国家创新体系,将科技创新作为城市发展的核心动力。通过构建全链条、全周期创新生态,强化科技创新对于经济社会发展的引领作用,支撑城市更高质量、更可持续地向前发展。二是在发展导向上,要动态把握全球科技竞争格局演变和新型城镇化发展要求,重点突破关键核心技术"卡脖子"问题、城市群协同创新等关键命题。三是在实施路径上,要立足本地创新资源禀赋和基础条件,因地制宜探索最具区域特色的创新发展路径,以期实现创新要素的最优配置和创新能力的内涵式提升。

为了应对新一轮科技革命和产业变革,不断增强国家竞争力,近年来,纽约、伦敦、东京、新加坡和首尔等许多先发城市都致力于打造具有全球影响力的科技创新中心。波士顿把握住了全球化资源配置和产业创新转型的机遇,充分发挥本地顶级科教资源集聚的优势,推动智力资源与产业资源深度融合、鼎力创新,参与最高层次的全球城市竞争与合作,使波士顿成为全球最重要的高科技产业城市之一,也成为美国主要高科技创新中心,特别是在高等教育、医疗研究、生物科技等领域引领全球。德国慕尼黑建设了密集且高效的高速公路及铁路网,并拥有国际枢纽机场,供电、供水、电信等系统发达程度位居世界前列,完备的基础设施也使其成为德国和欧洲重要的科技、金融、教育、文化、出版、艺术、商业和旅游中心,加上诸多行业巨头云集于此,成为知识、技术与产业创新的高地。

为加快创新型国家和创新型城市建设,充分发挥科技创新在推动区域高质量发展中的重要作用,我国也将科技创新中心建设纳入了国家创新驱动发展战略,《中共中央关于制定国民经济和社会发展第十四个五年规划和二〇三五年远景目标的建议》提出支持北京、上海、粤港澳大湾区形成国际科技创新中心,建设北京怀柔、上海张江、粤港澳大湾区、安徽合肥综合性国家科学中心,支持有条件的地方建设区域科技创新中心。北京以雄厚的人才与政策优势,统筹规划"三城一区"主平台、中关村国家自主创新示范区主阵地建设,加快建设全国科技创新中心;上海作为长三角龙头,拥有强大的综合创新实力,以张江综合性国家科学中心为依托,系统推进全面创新改革试验,加快建设具有全球影响力的科技创新中心;粤港澳大湾区充分利用"一国两制"优势,积聚力量推动三地协同创新合作,科技和产业实力一直位于全球前列,深圳通过科技大企业引领和小微企业孵化发展,形成了腾讯系、华为系等一系列"创业系"和"人才圈",成为创业创新人才的"栖息地"。

第四章

创新型城市建设与区域协同创新

第一节　区域协同创新发展趋势及路径

全球新一轮科技革命和产业变革加速，科技创新对于区域发展的作用愈发重要，区域协同创新成为影响区域整体竞争力提升的关键。

一　区域协同创新成为大势所趋
（一）全球竞争已经进入区域创新协同化发展阶段

从全球科技创新的趋势来看，当前世界主要科技强国建设都离不开跨区域的科技创新合作。从国家层面来看，美国一直重视同日本、新加坡之间的科技创新合作，日本不仅重视技术引进，更是将国际科技交流合作作为科技基本政策，由专门的科技计划专业管理机构负责实施，同美国、英国、德国等形成了广泛的科技交流合作。从城市内部来看，围绕东京—横滨的东京湾地区、以硅谷为核心的旧金山湾区等全球科技创新集聚区所形成的巨大创新能量不仅影响了自身和周边，甚至扩展到了其他国家和全球区域。一方面，随着区域一体化的深入，创新对城市空间依赖更强，每个城市的机场、港口、金融机构、仓储、基站等都是重要节点，利用好这些空间载体优势，推动开放式创新，可以更加有效地支撑城市群和都市圈的有序联动发展。另一方面，随着现代交通条件和互联网技术的发展，创新活动的集聚空间正在从传统的物理空间向网络平台空间转变，推动科技创新运行管理体制机制和科技创新组织方式的革新，需要建立更高等级的开放式创新机制、开放式创新治理模式以促进区域科技创新协同合作范式变革。

在 2016 年 5 月 30 日召开的全国科技创新大会上，习近平总书记指出："世界主要国家都在寻找科技创新的突破口，抢占未来经济科技发展的先机。"随着城市之间的创新联系不断增强，区域合作向纵深推进，中心城市对区域经济发展的带动辐射作用进一步凸显。根据《中共中央 国务院关于加快建设全国统一大市场的意见》，"鼓励京津冀、长三角、粤港澳大湾区以及成渝地区双城经济圈、长江中游城市群等区域，优先开展市场一体化建设工作，建立健全区域合作机制，积极总结并复制推广典型经验和做法"。虽然加入 WTO 以来，我国地方之间壁垒性商业成本正在下降，同时随着产权、市场准入、成果转化等一系列领域的改革推进，统一大市场的软硬件基础不断夯实，但各种隐性的本地标准壁垒仍然成为影响区域产业竞争力提升的重要因素。都市圈作为城市群的核心和引擎，在我国城镇体系建设中起到了重要的承上启下的作用，着力突破区域行政性壁垒建立都市圈内部的协同发展关系是建立统一大市场的根本。清华大学中国新型城镇化研究院组编的《中国都市圈发展报告2021》根据2021年都市圈综合发展质量评价，将我国都市圈发展水平分为成熟型、发展型、培育型三类。其中，成熟型都市圈有 6 个，包括广州、上海、杭州、深圳、北京和宁波都市圈，发展型都市圈有 17 个，包括南京、天津、厦门、成都、武汉都市圈等，培育型都市圈有 11 个，包括银川、西宁都市圈等。新一轮城镇化发展进程中，"强都市圈"将取代"强省会"发挥出更加重要的引领和集聚作用，城市竞争格局正从单一城市比拼升级为都市圈综合实力的竞合。

（二）**区域高质量一体化发展的新趋势**

中国经济社会发展已经进入一个新时代，区域一体化发展也应进入新的阶段。过去低成本、粗放式、盲目追求速度的发展方式已经难以为继，面临国际国内的新形势、新任务和新目标，资源环境约束加大、宏观供求关系调整、微观生产成本压力、经济发展结构性问题等客观制约凸显，传统比较优势和招商引资模式等发展逻辑受困，要求区域一体化要更加注重高质量发展，强调质量、效益和效率，以更强的国际竞争力和影响力，参与全球价值链和国际分工新体系。区域协同创新有利于发挥不同地区的创新比较优势，实现创新资源的优化配置，进一步打通科技创新成果的转化通道，由创新链决定产业分工体系，形成创新链、价值链、产业链和供应链一体化融合的新格局。这种由区域协同创新主导下所形成的新价值分工逻辑和协作关系正在成为区域高质量一体化发展的新动能和新路径，其最大的特点就是区域发展的重点正逐步由低等级的产业转移向高附加值的区域协同创新创造转化。在这样的新形势之下，国内的区域合作和产业分工方式也在发生改变，不再是过去基于行业内分工形成的梯度产业转型，而是在政府和市场主体共同推动下，围绕优势互补和产业链分工的新型产业组织模式，跨区共建的高新园区、新型研发机构、技术转移服务平台等也成为推动延链补链强链，提升产业链、供应链现代化水平的重要载体。

在区域高质量发展的新要求下，打破不同区域之间在创新资源要素流动上的体制机制障碍，建立开放型的科技创新体系已是大势所趋。2007年，"深港创新圈"合作协议签订以来，科技创新就一直是香港和深圳合作的"最大公约数"，在人才培养、产学研合作等方面取得实质性进展，尤其是粤港澳大湾区战略实施以来，"科研在港澳、转化在内地"等模式更是形成了"1+1>2"的聚合创新效应。粤港澳三地通过制度创新，突破人才、资金等创新要素流动的瓶颈，构建起跨区域、跨制度的开放协同创新体系。G60科创走廊从1.0版本到"沪苏浙皖"3.0版本，致力于打破行政区域限制，促进科创要素自由流动，成立以来，重大科创成果相继诞生，众多百亿级、千亿级项目在此纷纷落地。2018年工信部赛迪研究院评选出全国先进制造业十大集群，G60科创走廊的综合指数居于首位，成为打造长三角高质量一体化发展的重要引擎。为了实现更高水平、更高质量的区域协同，要顺应经济新常态和客观趋势，加快推动经济发展实现质量变革、动力变革和效率变革，从单一的经济增长目标向创新协同转变，从恶性竞争性关系转向实现更高质量发展的一体化新阶段。

二　区域协同创新发展实施路径

（一）建立机制完善、执行有力的协调机制

跨区域协同发展，难点在于打破行政区划限制，协调各方利益、统一发展认识，并保障协调工作执行有力。如长三角探索形成了"高层次领导小组+三级运作机制+区域合作办公室"的协调管理机制，包括落实《长江三角洲区域一体化发展规划纲要》要求，成立"长三角一体化发展领导小组"；建立三省一市政府层面的"三级运作"合作机制，包括决策层、协调层和执行层；组建长三角区域合作办公室，三省一市各自选派工作人员在上海合署办公，这种组织管理机制为协同处理事务提供了强有力的保障。从旧金山湾区的发展来看，虽然没有建立州级别等高等级的区域协调发展制度，但社会层面组织了旧金山湾区政府协会、旧金山湾区保护与发展委员会、大都会交通委员会等自发组织机构，共同推动统筹湾区基础设施、环境治理等协调发展。

（二）强调创新资源集聚共享和高效配置

从顶层设计、创新资源共融共通、创新载体共建共享等方面打造创新共同体，加速创新资源集聚共享，为一体化、高质量发展提供强有力的支撑。长三角不仅打造G60科创走廊，推动沿线九个城市产业园区深度合作，形成产业创新发展的重要载体。同时，共建集成电路、智能传感器等国家创新中心，以及中科院上海药物所宁波生物产业创新中心、上海交大（嘉兴）科技园、上海大学（浙江）新兴产业研究院等一批跨区域创新平台，开展联合科研攻关、产学研合作。长三角通过采取政府引导与市场推动相结合的方式，为企业跨区域流动打造共建园区、产业飞地、一体化示范区等合作载体，加快产业承接转移。在合作载体建设初期，三省一市通过联合招商、政策支持、税收共享等方式，引导两地企业迁出与落户。如上海在浙江嘉兴打造的张江长三角科技城，就是上海、嘉兴两地政府共同推动建立的合作园区，上海在产业项目导入方面给予大力支持，嘉兴则在土地供给、人才引进、企业服务等方面提供强有力的支持。后续发展中，政府主要通过优化企业发展环境，形成了企业自发的、以龙头企业带动的集聚发展模式。

（三）强调多元创新主体的有机协作

跨区域协同创新，需要企业、政府、高等院校、中介组织、金融机构等各个方面创新主体联动发展，从而有效地提升人才、信息、技术、资本等各类创新要素资源的配置效率，形成城市间既分工又合作的创新格局。企业，尤其是创新型科技型企业有利于推动创新要素的一体化配置和产业的跨区域合作，一直是推动区域协同创新的重要力量。截至2021年底，长三角G60科创走廊集聚了3.6万余家高新技术企业，400

余家国家级专精特新"小巨人"企业,全社会研发投入强度均值达到3.25%,协同创新成效显著。Google、Facebook、Twitter等一批国际顶尖企业集聚发展,推动伦敦城市群形成了创新簇群及其多元聚集效应。美国波士顿—华盛顿城市群重视以创新型产业的集聚打造高科技产业集群化的"创新矩阵",波士顿更是拥有阿斯利康、赛默飞、诺华、辉瑞等全球顶尖的生命科学领域的企业和科研机构,在《美国十大生物制药集群》榜中,连续4年击败硅谷,位居榜首。高校院所是区域协同创新发展的策源中心,伦敦湾区的"医学城"计划主要依托伦敦、牛津和剑桥形成的生命科学学科优势,形成了生命科学研究的"金三角"。旧金山湾区更是汇集了多所世界级顶尖大学、科创中心和国家级研究实验室以及州级实验室。G60科创走廊形成了显著的创新集聚效应,上海松江、杭州、苏州、合肥等成为创新共同体,松江G60脑智科创基地、之江实验室、姑苏实验室、合肥综合性国家科学中心、国家生物医药技术创新中心等重大科创载体形成重要的平台支撑。美国科技强国地位的建立也主要得益于科研组织机构的不断优化,先后创造了工业实验室、国家实验室、大科学计划、产学研合作的工程中心、制造业创新中心,以及最新正在建设的未来产业研究所,不断增强科技创新竞争力。

(四)强调建立良好的分工协作格局

跨区域协同创新发展,重点是要处理好区域内特色化发展和同质化发展的关系,找准方向,形成区域分工与协作的发展格局。美国纽约都市圈内核心城市经济各具特色,错位发展,如纽约以商业和金融为主;波士顿依托顶级大学,促进产学研融合;费城的重工业、巴尔的摩的冶炼工业、华盛顿的政治中心作用。旧金山湾区也注重不同城市的功能错位,如旧金山以商业和金融为主,奥克兰以重工业、金属加工为主。长三角以共同培育产业集群为抓手,注重各扬所长,以产业链强链补链为核心,形成良好的分工协作格局,江苏连云港、泰州、无锡三市通过建立集群治理机构,联合打造了生物医药产业集群;江苏苏州、无锡、南通作为实施区域,共同打造高端纺织集群;浙江以宁波、舟山为核心,加强与嘉兴、绍兴、衢州联动,合作组建集群发展促进机构,打造绿色石化先进制造业集群。

(五) 强调多链条协同创新的创新生态体系

区域协同创新需要实现大区域科技链与产业链之间的协同发展，以及金融链与创新链之间的快速融合，以促进科技创新与产业变革的双重突破。风险投资对创新协同发展中的企业、人才、技术等创新要素具有显著的导向作用，可以加速形成良性创新生态系统。以硅谷为核心的旧金山湾区形成了风险资本与创业企业、人才的良性互动，汇集了全美1/3 以上的风险投资，以雄厚的创新投资带动了旧金山湾区的创新发展，尤其是助推了初创企业的创业成功率。2022 年 5 月，"科创中国"大湾区联合体落户深圳前海。该联合体由深圳市科学技术协会与香港中文大学、澳门科技大学等单位共同发起，将通过"1 个联合体 + N 个中心 + 1 个产业基金"模式，推动粤港澳大湾区科技创新和产业转型升级。

第二节　区域协同创新引领城市建设策略

一　区域协同创新引领城市的目标导向

区域协同创新中的引领城市是区域城市体系中等级较高的城市发展形态，区域中心城市的高质量发展对于完善区域城镇体系、实现区域经济新旧动能转换具有重要的战略意义。为此，对于区域协同创新引领城市的评价要综合考虑三个目标导向。

一是体现全球网络化新趋势。全球经济在多元格局调整变革中不断寻求新的平衡，全球化进入网络化发展新阶段，呈现出了很多新的趋势和新特点，对城市能级提升的内涵产生影响。全球资源要素流动更加注重技术、资本、信息、文化等全要素流动，城市在区域中的作用也发生了变化，对创新资本、智力资本、服务资源等高端要素的配置更为重要。处于全球产业链、价值链和创新链的高端环节和全球城市网络体系的节点位置，成为区域中心城市发挥区域控制力和影响力的重要体现。

二是体现国家新的战略导向。我国经济已经从高速增长阶段转换为中高速增长阶段，经济产业结构和动力机制都在发生转变，新旧动能转换加快。新型城镇化战略助推新的区域发展格局形成，城市群将成为我国经济发展的重要动力源，亟须在更高层次参与国际合作与竞争，发挥其对全国经济社会发展的重要支撑作用。随着长三角区域一体化发展进入全面提升的阶段，在创新发展理念，带动区域经济转型发展、创新发展、均衡发展，以及对接"一带一路"倡议等方面应肩负起其历史使命和战略担当。

三是体现城市发展新的阶段特征。随着我国越来越多的城市融入全球经济和创新网络中，一些区域中心城市相继提出建设"国际化大都市""国际性城市""国际经济中心"等战略目标，如上海提出了建设卓越的全球城市的建设目标，并积极制订长三角一体化发展三年行动计划，助推共建 G60 科创走廊等区域合作创新平台。杭州提出要打造"三城一枢纽"，即着力打造创新创业活力之城、历史文化名城、人文生态魅力之城以及亚太地区重要国际门户枢纽。合肥提出加快建设长三角世界级城市群副中心，奋力打造具有国际影响力的创新之都。南京在新一轮的国土空间规划中，将南京的城市性质确定为"江苏省省会，东部地区重要的中心城市，国家历史文化名城，国际性综合交通枢纽城市"，从江苏、中国、世界三个层面确定了南京的战略目标。

基于以上分析，区域性创新引领城市的功能内涵应当紧扣"一体化"和"高质量"导向，重点构建城市创新、产业支撑、资源配置、连通辐射、服务保障五大功能，重点提升三大核心能力：一是科技持续创新能力。科技创新涉及基础研究、应用研究和成果转化的各个阶段，需要打通技术研发、市场培育、产业转化等各环节的壁垒，以科技创新助推产业经济的自我变革和自我更新，通过技术革新和制度创新实现新业态引领，促进产业升级，明确不同阶段科技创新的重点任务，建立以科技创新引领产业发展的内在动力机制，增强可持续创新能力。二是要素资源配置能力。要提升城市能级必须汇集创新资本、智力资本、信息要素等关键资源，通过集聚跨国公司、高端人才等资源要素发挥对创新链、价值链和产业链高端环节的控制能力，以及关键资源要素的配置能力。要把促进区域资源高效配置作为提升城市能级的重要内容之一，在加快物理空间枢纽建设的同时，加快提升网络设施的现代化水平，深入推进大数据基地等平台建设，发挥链接国内外市场的平台功能。三是城市综合服务能力。城市能级跃升的关键在于构建具有全球竞争力的服务经济体系。一方面，要打造全球服务功能高地，集聚高端服务业、生产性服务业和消费性服务业市场主体，构建完善的高端要素市场体系，形成要素集聚磁场效应；另一方面，要持续优化城市发展环境，提升公共服务品质，营造更具吸引力的创新生态，不断增强城市综合竞争力。

二 区域协同创新引领城市的实践样本

（一）上海引领长三角科创圈建设

长三角城市群以全国2.3%的面积，创造了全国21%的GDP总量，是我国经济规模最大、人口最为集中的区域，也是中国最有能力成为世界级城市群的一体化经济区域，在政治、经济、文化等方面都起到了模范带头作用。近年来，长三角城市群通过推进内部一体化发展，在经济规模、创新能力、开放发展、绿色发展等方面均取得了较大的进步，综合实力不断增强，国际影响力也不断上升。根据世界知识产权组织发布的《2022年全球创新指数报告》，全球科技集群中，"上海—苏州"创新集群排在了第六位，比上一年提升了两位，体现了长三角一体化进程中，以上海为龙头的长三角城市群的创新实力进一步提升。

随着长三角一体化上升为国家战略，行政区划的界限不断弱化，长三角从"行政区经济"走向"一体化经济"，要素资源的配置方式发生巨大转变，长三角各城市进入新的竞争合作发展阶段。上海是长三角地区唯一的超大城市和一线城市，在长三角地区具有龙头地位。在推进长三角科技创新一体化建设的过程中，上海是长三角地区的龙头城市，并已经联合嘉兴、杭州、金华、苏州、湖州、宣城、芜湖、合肥等城市，共同建设G60科创走廊，从线上线下政务服务互联互通、外商投资准入负面清单、商务制度改革、加强对外交流协作等方面出台了"G60科创走廊九城市协同扩大开放促进开放型经济一体化发展的30条措施"，在推进长三角科技创新一体化方面迈出了坚实的步伐。2016年4月，国务院批复印发《上海系统推进全面创新改革试验加快建设具有全球影响力的科技创新中心方案》。方案指出，要系统推进全面创新改革试验，充分激发全社会创新活力和动力，把大众创业、万众创新不断引向深入，把"互联网+""+互联网"植入更广领域，把科技人员与普通群众、企业与科研院所、大中小微企业、线上线下的创业创新活动有机结合起来，推动科技创新与经济社会发展深度融合，加快向具有全球影响力的科技创新中心进军，率先转变经济发展方式，推进供给侧结构性改革，发展新经济、培育新动能、改造提升传统动能，推动形成增长新亮点、发展新优势。根据《2022上海科技进步报告》，上海已经形成"3+4"国家实验室体系建设，不断提升高水平科技供给能力和综合创新水平。而张江作为核心承载区，也承担着建设国际一流重大科技基础设施群，增强我国在交叉前沿领域的自主创新能力，在更高层次上代表国家参与全球创新的重要使命。

（二）粤港澳大湾区核心引擎城市的深圳担当

2019年2月，中共中央、国务院印发《粤港澳大湾区发展规划纲要》，要求深圳发挥作为经济特区、全国性经济中心城市和国家创新型城市的引领作用，加快建成现代化国际化城市，努力成为具有世界影响力的创新创意之都，同时将"增强深圳在粤港澳大湾区的核心引擎功能、更好地发挥深圳作为大湾区核心引擎城市的积极作用"明确写入国家战略之中。要"发挥香港—深圳、广州—佛山、澳门—珠海强强联合的引领带动作用，深化港深、澳珠合作，加快广佛同城化建设，提升整体实力和全球影响力，引领粤港澳大湾区深度参与国际合作"。站在大湾区建设的角度，从国际科技创新中心建设、现代产业体系构建、基础设施互联互通等七大具体领域，都对深圳提出了专项性要求，并作出了参与性事项安排。深圳积极发挥先行示范区和经济特区的"双区"责任和使命，不断深化深港合作，促进协同创新，作为重要引擎，助力粤港澳大湾区改革创新和高质量发展。

2019年以来，深圳已累计投资超2亿元用于深港澳科技计划项目，其中跨境投入科研活动资金达9730万元。[①] 此外，香港大学、香港科技大学、香港中文大学等香港高校遵循"研发+产业"发展模式，在深圳设立实验室与研发中心，加快创新成果转化和科技企业孵化。深港科技创新合作区正致力于建设成为融合"一国两制"优势的国际化开放

---

① 《新平台　新通道　新衔接——深圳推进粤港澳大湾区建设一线观察》，新华社，2023年2月20日。

创新平台，在科研资金流动、科研成果应用等方面探索国际科技合作机制改革。深港脑科学创新研究院成立三年以来，不仅推出了诸多脑科学基础研究领域的原创成果，更是成为集聚各种创新人才，积极推动基础研究与产业转化"双轮驱动"的重要载体平台。

三 区域协同创新引领城市的综合比较

虽然从国内城市群的比较中，长三角体现出了明显的优势，但与部分全球城市群相比还有较大的差距，在基础研究的投入、创新产出质量、高科技企业发展等方面存在瓶颈。为此，长三角城市群应立足高起点，从世界级城市群的地位攀升、国内城市群的增长引领以及区域内的资源再整合战略出发，以更加开放的姿态，不断吸引世界级的优质资源，不断提升对全球优质资源的有效配置能力，促进长三角城市群集聚和辐射能力的进一步增强，提高其在全球经济和全球创新网络中的影响力。

（一）城市创新综合能力比较

长三角作为我国经济、科技最发达的区域之一，拥有发达的高技术产业基础、强大的科技人才队伍、雄厚的科技教育资源和开放的经济环境，这些得天独厚的经济环境和资源优势使其成为我国创新引领的重要区域。从国内三大城市群的比较来看，长三角的创新优势十分突出。根据世界知识产权组织发布的《2022年全球创新指数报告》显示（见表4-1），科技集群T100中，中国有22个地区上榜，长三角地区包含了4个，分别是上海—苏州（第6位）、南京（第13位）、杭州（第14位）、合肥（第55位）四个科技群。其中，上海科技集群演变为"上海—苏州"科技集群，上升2位，合肥科技集群更是因为研发经费投入涨幅第一，排名前进了18位。2021年，长三角以"四个30%"引领发展——研发经费投入8342亿元，全国占比逼近30%；发明专利授权量18.22万件，全国占比略超30%；高新技术企业8.6万家，全国占比高于30%；人工智能、生物医药先导产业规模全国占比均超过30%。2022年9月，《三省一市共建长三角科技创新共同体行动方案（2022—2025年）》提出，到2025年长三角科技创新共同体创新策源能力全面提升，若干优势产业加快迈向世界级产业集群，长三角城市群正在从

"世界工厂"向"全球创新高地"转变。

表 4-1　《2022 年全球创新指数报告》科技集群 T20

排名	科技集群	地区
1	东京—横滨	日本
2	深圳—香港—广州	中国
3	北京	中国
4	首尔	韩国
5	圣何塞—旧金山	美国
6	上海—苏州	中国
7	京都—大阪—神户	日本
8	波士顿—剑桥	美国
9	纽约	美国
10	巴黎	法国
11	圣地亚哥	美国
12	名古屋	日本
13	南京	中国
14	杭州	中国
15	洛杉矶	美国
16	武汉	中国
17	华盛顿—巴尔的摩	美国
18	西雅图	美国
19	伦敦	英国
20	大田	韩国

资料来源：世界知识产权组织发布的《2022 年全球创新指数报告》。

与世界其他五大城市群相比，长三角城市的创新能力还亟须提高。澳大利亚智库 2thinknow 评选出的 2021 年全球最具影响的 100 个创新城市中（见表 4-2），美国东北部大西洋沿岸城市群有纽约、波士顿、华盛顿、费城、纽瓦克、里士满、巴尔的摩等；北美五大湖城市群有多伦多、芝加哥、蒙特利尔、明尼阿波利斯—圣保罗、匹兹堡等；日本太平洋沿岸城市群有东京、大阪、京都等；欧洲西北部城市群有巴黎、鹿特丹等；长三角城市群只有上海，排在了第15位。

表4-2　2thinknow 2021年全球创新城市100强六大城市群分布

六大城市群	创新城市及其排名
美国东北部大西洋沿岸城市群	波士顿（2）、纽约（3）、华盛顿（18）、费城（35）、巴尔的摩（55）、纽瓦克（75）、里士满（78）
北美五大湖城市群	芝加哥（9）、多伦多（43）、明尼阿波利斯—圣保罗（37）、蒙特利尔（53）、匹兹堡（66）
日本太平洋沿岸城市群	东京（1）、大阪（30）、京都（64）
欧洲西北部城市群	巴黎（10）、鹿特丹（94）
英伦城市群	伦敦（11）
长江三角洲城市群	上海（15）

（二）创新投入情况比较

从国内城市群的核心城市比较来看，2021年，几个城市的R&D经费投入强度（R&D经费总量占GDP比重）基本超过了全国平均水平（2.43%）。北京R&D经费投入总量为2629.3亿元，占GDP的6.53%，位居全国首位。深圳紧随其后，R&D经费投入总量为1682.15亿元，R&D经费投入强度达到5.49%。上海的投入总量排名第二，但总的投入强度位列第三，达到4.21%。苏州、天津也都分别达到了3.80%和3.66%，向全球主流城市靠拢。南京、广州作为省会城市，分别为3.54%和3.12%。尤其是广州的研发投入强度，一直相对较弱。整体来看，京津冀研发投入强度优势明显，根据北京市统计局相关数据，2021年，京津冀共投入研究与试验发展（R&D）经费3949.1亿元，是2013年的2.1倍，占全国的比重为14.1%。珠三角城市群中深圳始终一枝独秀，尤其是深圳的企业创新效能不断跃升，在欧盟委员会公布的2022年欧盟工业研发投资记分牌上，华为研发投入为190亿欧元，在排行榜中名列第四，仅次于谷歌、脸书与微软公司，高于苹果、三星、大众汽车与英特尔。长三角的研发投入总量较高，但与京津冀和珠三角城市群比较，投入强度还有待提高（见图4-1）。

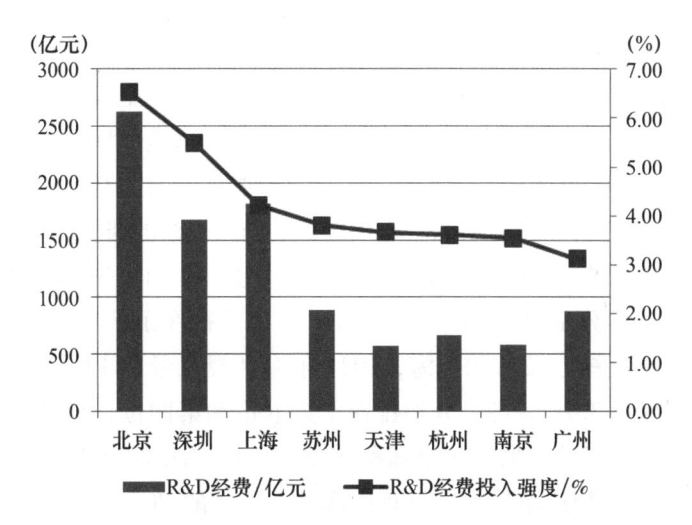

图 4-1 三大城市群核心城市 2021 年研发投入总量和投入强度

整体来看，上海的研发投入已经向发达经济体靠拢。根据彭博创新指数（Bloomberg Innovation Index）显示，2019 年，以色列的研发投入强度最高，达到了 4.3%。而上海 2021 年已经达到 4.21‰。数据显示，在人均 GDP 为 6000—8000 美元时，美国的基础研究经费强度已达到 13%—14%，日本高达 16%—17%。而 2021 年上海的人均 GDP 已经达到了 2.69 万美元，但基础研究投入占比还在 10% 上下，基础研究投入占比，以及企业的基础研究投入强度，相比全球科技创新中心城市这个定位，都相对偏低。

顶尖的创新人才是创新型城市建设的核心和关键，根据清华大学产业发展与环境治理研究中心等发布的《国际科技创新中心指数 2022》显示，上海在集聚科技人力资源（包括活跃科研人员数量、高被引科学家比例、顶级科技奖项获奖人数）方面仅位列第 48 位，前三位分别是旧金山－圣何塞、波士顿和剑桥，北京位列第 23 位，武汉位列第 42 位。作为长三角的创新龙头城市，上海未来打造全球科技创新中心，在创新人才集聚方面仍有较大的提升空间。

（三）科技创新成果比较

如图 4-2 所示，从总量来看，深圳知识产权创造数量和质量一直全国领先，2021 年，专利授权量是最多的，达到了 27.9 万件，2022 年上半年，每万人口发明专利拥有量达124.9件，约为全国平均水平（21.66件）的6倍。深圳的专利申请主要靠民营企业带动，华为单个企业的专利申请可能都超过了某些省份的数量，这是深圳区别于北京的一个重要地方。北京的发明专利授权量是最多的，有7.9万件，专利授权量是19.9万件，排名第二。北京云集了全国顶级的研究机构和高校，坐拥中国顶级的创新产业园区，其创新能力也是全国领先。广州和苏州的专利授权量分别以18.95万件和18.51万件排在了第三位和第四位，而作为长三角核心城市的上海，2021年专利授权量是17.93万件，发明专利授权是3.29万件，分别排在了第五位和第四位，与其在全国的战略地位不太相符。根据《全球科技创新中心发展指数2022》来看几个城市PCT专利产出情况，东京以超3.1万件的PCT专利产出排名第一，深圳是2.0万件，排名第二，首尔、大阪、北京分别排名第三至第五。上海在前沿科技产出、创新引擎企业、国际科技合作方面均有较大提升空间。根据世界知识产权组织（WIPO）发布的数据，2021年PCT国际专利申请量的总申请人排名中，7家深圳企业跻身前五十，其中，华为第七次（连续五年）登顶榜首，其余6家上榜企业排名均有所提升。从创新型企业的集聚情况来看，根据仲量联行《中国五强：世界级

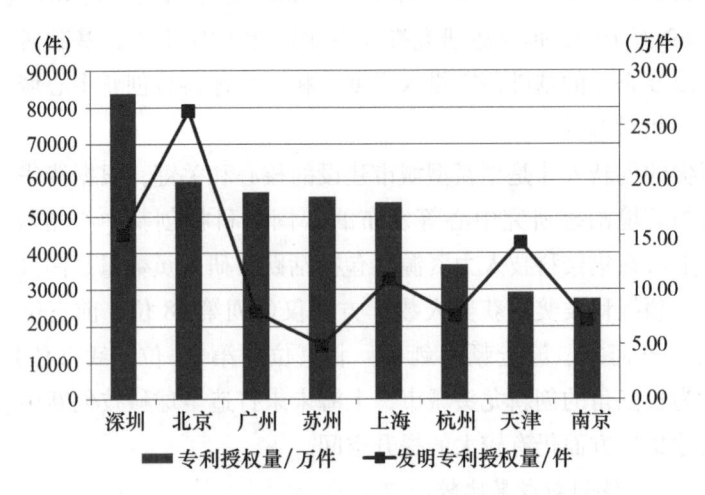

图4-2 专利申请和专利授权量比较（2021年）

城市到世界级城市群》研究报告，长三角城市群的创新企业数量优势明显。截止到2021年，长三角专精特新"小巨人"企业是1261家，独角兽企业124家，居各大城市群之首；京津冀专精特新"小巨人"企业是608家，独角兽企业96家；粤港澳专精特新"小巨人"企业是433家，独角兽企业51家。

第三节　南京都市圈协同创新发展

南京都市圈作为我国最早启动建设的跨省都市圈，是首个获得国家层面函复的都市圈规划。在科学技术日新月异、经济合作不断增强的今天，越来越多的科技创新项目需要通过区域间乃至全球的合作研究才能完成，加强区域开放型创新协同体系建设对于提高地区科技创新能力具有十分重要的作用，中国的多个城市和区域也已经开始了区域科技创新合作的探索。《南京都市圈发展规划》明确提出要共建研究—研发—应用创新链和产业创新中心，联合打造创新都市圈和科创共同体。但目前来看，创新基础设施建设、创新链条打造等方面还存在明显不足，制约了南京都市圈创新能级的提升。鉴于以上认识，基于全球科技创新出现的范式变革和新时期区域高质量一体化发展的现实需要，深入分析南京都市圈协同创新发展的现实基础以及制约因素，提出南京都市圈协同创新发展的路径及其战略举措，为提高南京都市圈科技创新整体能力、促进南京都市圈高质量一体化进程提供理论依据和实践方案。

一　南京都市圈协同创新的现实基础

随着南京都市圈战略的深入推进，在互联互通、协调机制、产业协作、制度衔接等重点领域都取得重大突破，为区域协同创新奠定了重要的基础。

（一）南京都市圈协同创新的发展历程

经过20多年的不断推进，尤其是南京都市圈发展规划上升为国家战略后，各城市更是将深度融入南京都市圈作为落实长三角一体化发展的重要抓手，从自主联合到统筹推进，初步探索出一条"共建、共享、同城化"的有效路径，而区域协同创新则是实现区域一体化的关键（见表4-3）。

表4-3　　　　　　　　南京都市圈发展中的重要事项

时间	主要事项
2002年	江苏省建设厅编制《南京都市圈规划》，南京都市圈正式成立
2003年	首届南京都市圈发展论坛举办，搭建了都市圈理论研究平台
2007年	首届南京都市圈市长峰会召开，签署《南京都市圈共同发展行动纲领》
2011年	南京都市圈成员包括南京、镇江、扬州、淮安、芜湖、马鞍山、滁州7市
2013年	南京都市圈城市发展联盟成立，宣城加入南京都市圈，成员城市变为8个
2018年	第三届南京都市圈党政联席会在南京召开，审议通过《南京都市圈一体化高质量发展行动计划》，启动吸纳常州市金坛区、溧阳市加入都市圈程序
2020年	在镇江召开南京都市圈党政联席会议，《南京都市圈城市发展联盟章程》审议通过，常州溧阳市、金坛区加入
2022年	南京都市圈党政联席会议在南京召开，南京都市圈建设办公室成立，系列合作协议签署

1. 以经济合作为主的经济联合体阶段

南京都市圈的前身是南京经济区。1986年，在南京市政府的主导下成立了南京区域经济协调会，成员包括周边苏、皖、赣等18个地市。2005年时南京经济区就已形成86个具有特色和优势的区域性企业集团和企业群体，建立了商业、物资联合体100多个，金融合作组织30多个，成立了60多个行业性网络组织。随着城镇化战略的不断深入，2000年江苏省城市工作会议提出南京都市圈的概念，围绕南京，打造经济联合体。《南京都市圈规划（2002—2020）》正式开始编制是在2002年，由江苏省政府批复同意，江苏省建设厅负责编制，但作为南京经济区的延承，各地之间的合作仍然以经济发展为主。2004年，中国南京重大项目投资洽谈会首次由都市圈六城市联办，项目总投资额达到了700亿元。随后，淮安、宣城和淮南纷纷加入洽谈会，形成"1+7"模式。南京都市圈正在形成以自主联合、投资信息交流为主的"区域经济网络"。

2. 强调基础设施和生态环境等多领域合作阶段

《南京都市圈规划（2002—2020）》开启了国内最早的跨省都市圈规划，开始推动跨界交通的先行规划和建设，但也仅仅针对省内，对省外不做要求，仅做建议。2010年，《长江三角洲地区区域规划》出台后，正式开始编制南京都市圈规划，标志着南京都市圈进入国家战略视野。由于跨省协调难度太大，江苏省政府决定先行推进省内南京都市圈核心区"宁镇扬"一体化建设，2014年，《宁镇扬同城化发展规划》和《宁镇扬同城化建设推进纲要》由江苏省政府印发。随着南京毗邻地区跨界交通需求的增长，2017年在第九届南京都市圈市长联席会议上签署的合作协议开始关注跨界地区的对接发展。《南京都市圈综合交通发展规划》等启动实施，作为长三角区域规划重要任务的《南京都市圈区域规划（2012—2020）》深化落实，尤其是2014年南京青奥会的召开，南京都市圈三级运作机制走上正轨，都市圈合作领域更加多元化，在基础设施、公共服务和生态环境等领域的合作不断提速。

3. 重视协同创新发展的现代化都市圈建设阶段

2018年，长三角一体化正式上升为国家战略，同年12月，第三届南京都市圈党政联席会在南京召开，会上常州市的溧阳、金坛成为南京都市圈成员。会议审议并通过第一个以区域合作项目为主体的《南京都市圈一体化高质量发展行动计划》，八个城市有关部门就产业、创新、生态环境、文化、旅游、教育等多个领域共同达成多项协议，就此全面开启了南京都市圈区域合作全新格局。《南京都市圈发展规划》于2021年由国家发展改革委正式批复同意，成为首个上升为国家战略层面的都市圈规划。宁淮特别合作区挂牌成立，省际毗邻地区建设江宁—博望、浦口—南谯、顶山—汊河省际毗邻地区一体化示范区已经得到地方政府的重视和响应。2022年召开的南京都市圈党政联席会议，各城市共同签署了《南京都市圈产业"集群强链"行动方案》，作为争创"服务构建新发展格局先行示范区"重要抓手之一，南京都市圈创造性地将产业协同、跨界融合落实起来。南京都市圈协同创新进入了实质性发展阶段。

尤其是2021年，科技部批复支持南京市建设引领性国家创新型城市。围绕长三角科技创新综合体建设，立足南京都市圈，各城市之间的创新协同、产业协作和园区联动取得显著成效，为南京创建综合性国家科学中心和区域科技创新中心提供坚实的支撑和保障。

（二）南京都市圈协同创新的现状基础

经过20多年的不断推进，尤其是《南京都市圈发展规划》批复以来，南京都市圈在创新资源共建共享、创新平台提质增效、创新成果转化、产业有效对接等方面取得诸多成效。具体来看，南京都市圈协同创新的现状基础主要表现为以下几方面。

1. 创新综合实力显著增强

近年来，南京都市圈不断集聚创新资源，推动城市创新发展取得显著成效。一是整体创新实力明显增强。南京都市圈拥有5个国家创新型城市，100余所普通高等院校，6家国家重点实验室，6家国家高新区。根据《国家创新型城市创新能力评价报告2021》，南京位列第六位，常州位列第20位、镇江位列第29位、芜湖位列第37位、扬州位列第31位、马鞍山位列第61位、淮安位列第84位、滁州位列第96位。南京作为南京都市圈的中心引领城市，创新实力更加凸显。二是重大科技布局加快推动。《南京都市圈发展规划》上升为国家层面、南京建设引领性国家创新型城市的战略任务，有力地推动了南京的创新步伐，紫金山实验室在未来网络等领域的原始创新成果不断增加，成为国家战略科技力量，钟山实验室克隆了水稻籼粳亚种关键基因，前两批次全国重点实验室重组全部通过。6G技术突破全球太赫兹无线通信领域的最高实时传输纪录，参与神舟十六号载人火箭发射和嫦娥五号探月工程。国家第三代半导体技术创新中心南京中心、国家集成电路设计自动化技术创新中心等科技创新平台陆续启动。紫金山实验室正在加快与都市圈相关科研机构开展相关技术和创新合作，南京重大科技布局的服务范围正在向都市圈扩展。三是重大创新活动凝聚发展合力。举办"2021年南京都市圈创新合作大会"等活动，共邀都市圈兄弟城市一起参加"南京创新周"，共同发布"南京都市圈创新合作（镇江）宣言"、倡议共建南京都市圈科技创新智库联盟。举办"2020年南京都市圈首届科技成果拍卖季路演活动"南京、马鞍山专场路演推介，"2020年南京都市圈创新挑战赛"等。

2. 创新要素流动更加畅通

创新要素、创新平台、创新人才、优质教育资源等要素流动更加畅通，要素共享格局初步建立。一是共享科技创新资源。积极推进"一室一中心"与都市圈内的相关科研机构展开合作，正式开通长三角工业互联网高质量外网（一期），覆盖面涵盖了南京、镇江、扬州等城市。启动线上一站式、综合型"南京都市圈科技创新生态图谱"数字平台，集聚了政府资源、高校院所、重点企业和产业园区的创新资源。二是推动人才互通互认。"南京都市圈外国人才来华工作许可互认框架合作协议"由江苏省科技厅与安徽省科技厅共同签署，实现了都市圈外国人才来华工作许可互认。签署《南京都市圈技术转移联盟框架合作协议》，对滁州、马鞍山和镇江等地技术经纪人进行培训，培育技术转移人才。共同签署《南京都市圈内专业技术资格和继续教育互认协议》，积极开展人才合作与交流。围绕南京都市圈，完善社会保险、就业创业、职业培训等多个工作联系群，都市圈人才网络招聘会等多项活动成功举办，推动建立统一人力资源市场。三是共享优质教育资源。共同制定《2021—2025年教育工作合作协议》，包括教师培训、教育平台、教育资源共享等多种形式的合作协议，推进都市圈教育一体化发展。南京外国语学校、琅琊路小学等优质名校分别选择在淮安、滁州等地设立了分校，南京的优质教育资源服务范围正在扩大到南京都市圈。

3. 产学研合作进程不断加快

充分发挥各方主体在产学研方面各自的比较优势，不断完善"政府搭台、校企唱戏"的产学研合作模式，促进企业、高校与科研机构的融合更加深入。一是不断创新校地合作模式。高校是科技创新的主力军，特别是研究型大学，是各类知识创新成果的重要贡献者和重大科技突破的策源地。积极推进南京大学、东南大学、中科院南京分院等与马鞍山、扬州等都市圈城市签订合作协议，通过特色学科共建、人才交流培养、科研成果转化等方面的合作，积极引导南京科创资源向都市圈各城市辐射。南京大学2009年就成立了扬州化学化工研究院、2017年成立了南京大学淮安技术转移中心，2018年成立南京大学句容创新创业示范园；东南大学在2019年建立了国家大学科技园马鞍山双创基地，2021年在溧阳成立基础设施安全与智慧技术创新中心。二是探索技术转移服务新路径。通过打通供给端与需求端，积极探索技术转移服务新路径，促进科技成果转移转化。南京都市圈各城市科技部门正在积极打造以南京为引领的技术服务转移体系，实现高校与地区之间的产业成果对接。2021年开展了 J-TOP 创新挑战季技术需求对接会——长三角（南京都市圈）科技合作项目专场活动，现场与东南大学、中国药科大学等合作签约项目的企业就有8家，在南京都市圈意向签约共21个项目，合作金额达3768万元。2020年和2021年连续两年举办了"高校院所走进镇江产学研合作对接活动"，2021年，首届南京都市圈创新合作大会，暨高校院所走进镇江产学研对接活动中，不仅针对性地围绕船舶海工、新一代信息技术等领域遴选发布了近40家高校院所的600余项最新科技成果，来自南京大学、东南大学、中科院系统院所等知名高校院所的100余名专家教授与镇江市250余家相关企业负责人进行了一对一、面对面的对接洽谈。"揭榜挂帅"关键核心技术需求榜单的发布，加快了南京都市圈内部技术和产业的高度衔接，其中包括技术难题27项，共计2900万元。三是设立专项支持科技合作。制定了《关于促进长三角（南京都市圈）科技合作实施办法》，以政府购买服务的形式，首批遴选8家机构承担"长三角（都市圈）科技合作计划"，通过市场化手段，从技术供给侧和需求侧发力，在城市间搭建桥梁，促进科技创新资源充分对接。

4. 协同创新载体不断拓展

在都市圈范围内积极开展一批跨市域、跨领域的合作试点，形成了先行先试的成功经验。一是"飞地"模式探索不断深入。通过园区共建框架合作协议，推进城市间、跨区域园区合作发展。南京与淮安共同合作建立了"宁淮特别合作区"，其中开发建设由江北新区负责，社会管理交由盱眙县，良好的环境和优惠政策吸引了阿里智能共享制造园区等优质项目入驻。栖霞高新区与丹徒高新技术产业园、句容临港工业集中区，高淳经济开发区与宣城市宣州经济开发区签订跨界一体化发展框架合作协议。二是省级毗邻区域合作不断深入。积极推进顶山—汊河、江宁—博望、浦口—南谯、浦口—和县、高淳—当涂等陆续签订框架协议，公共服务、交通、产业协同等方面的对接取得显著成效。苏皖合作示范区和"一地六县"合作区郎溪片区重大项目已举行开工仪式，一批优质项目集中签约。《长三角一体化发展规划"十四五"实施方案》将郎溪经开区东区绿色智能制造产业园纳入其中，天长—六合长三角协调发展区要实现新开工；三个省际毗邻地区新型功能区（包括顶山—汊河、江宁—博望、浦口—南谯）自2021年挂牌以来，跨区域协同进程不断加快。三是创新走廊建设有序推进。积极打造"宁镇扬同城化"战略核心区，加快重大基础设施和公共服务项目布局。与镇江共同推进G312产业创新走廊建设，扬州规划建设G328科创走廊，积极对接南京创新资源，推动沿线地区各类创新要素向走廊及沿线地区集聚。

5. 产业技术协同不断提速

不断增强南京作为中心城市的服务带动能力，推动城市间产业分工协作，引导跨区域产业协同发展。一是各地产业特色明显。南京的智能电网、软件信息等产业处于全国前列；镇江的新材料、医疗器械等特色产业发展势头良好；扬州的优势在于汽车零部件、数控机床等；淮安具有绿色食品优势；芜湖、马鞍山、滁州、宣城等分别在汽车制造、特种钢材、智能家电、新能源等方面形成产业优势；而常州溧阳和金坛的高端装备、新能源、生态旅游等产业特色鲜明。二是产业对接更加深入。33家龙头企业积极将都市圈内部的企业纳入上下游产业链，共同促进了产业链供应链的跨省对接。尤其在装备制造领域，南京、镇江、常州、马鞍山更是积极开展各种产业对接活动，举办了2021世界智能制造大会、2021年淮安·长三角台资产业合作促进会等活动。三是产业分布圈层式明显。以产业链和创新链融合为基础，基本形成以南京为引领，带动周边地区协同创新和产业链攀升的发展格局。南京在"4+4+1"主导产业基础上，进一步明确"4+2+6+6"的创新型产业集群建设，通过以点带面促进产业链、供应链和创新链的融合发展。

（三）南京都市圈协同创新水平综合评价

1. 指标选取和计算过程

创新具有显著的空间溢出和扩散效应，南京都市圈内部的协同创新能力可以通过内部城市之间的创新联系与差异来考量。创新作为输入输出的一个系统工程，综合参考相关文献资料和数据的可获得性，以2010年和2020年的数据为基础，以改进后的引力模型为工具，以创新投入和创新产出两个指标来考察南京都市圈科技创新协同发展情况。

其中创新投入的核心是人才的集聚，创新人才以万人拥有科学研究、技术服务和地质勘查业从业人员数为表征。创新产出是评价的核心指标，其中技术创新是创新能力提升的重要驱动力，而产业创新是形成正向创新循环的关键，因此，创新产出主要选择万人专利授权量和高新技术产业总产值两个指标。

协同创新度的基础引力模型为：

$$R_{ij} = k \cdot \frac{\sqrt[3]{H_i P_i HV_i} \cdot \sqrt[3]{H_j P_j HV_j}}{d_{ij}^e}, \quad i \neq j$$

式中，R_{ij}是任意两城市的创新联系强度；H_i、H_j分别是城市i、j的万人拥有科学研究、技术服务和地质勘查业从业人员数（人）；P_i、P_j是城市i、j的万人专利授权量（件）；HV_i、HV_j是城市i、j的高新技术产业总产值（万元）；k是修正系数；d_{ij}为两城市距离；e为摩擦系数，通常取2。R_{ij}越大，城市间创新联系越为紧密。

再次运用技术相近性（TC）指标来衡量城市间的创新差距，即：

$$TC_{ij} = 1 - \left| \frac{HV_i}{TV_i} - \frac{HV_j}{TV_j} \right|, \quad i \neq j$$

式中，TC_{ij}是两城市间的技术相近度；HV_i、HV_j是城市i、j的高新技术产业总产值（万元）；TV_i、TV_j是城市i、j规模以上工业总产值（万元）。TC_{ij}越大，表明城市间的创新差异越小。

最后，将技术相近性指数作为修正系数引入基础引力模型，得到改进后的引力模型来度量城市之间的协同创新度，即：

$$CIC_{ij} = TC_{ij} \cdot \frac{\sqrt[3]{H_i P_i HV_i} \cdot \sqrt[3]{H_j P_j HV_j}}{d_{ij}^2}, \quad i \neq j$$

式中，CIC_{ij}是两城市间的协同创新度。CIC_{ij}值越大，说明城市之间的协同创新度越高。

2. 南京都市圈协同创新关联度评价

从南京都市圈协同创新总体情况来看（见图4-3），从2010年到2020年，南京都市圈内部城市的协同创新关联度提升明显，协同创新关联度从2010年的315增加到2020年的2862，增加了近十倍。

从空间状态来看，"宁镇扬"作为南京都市圈协同创新核心区的作用明显，宁镇扬三市的协同创新关联度一直都高于南京都市圈总关联度，达一半以上。2020年，协同创新关联度排名前三位的是镇江—扬州、南京—镇江、南京—扬州，分别达到了40684、9417、8616。同时，南京与都市圈内其他城市之间的联系也都排在了前列，除了宁镇扬之外，南京—马鞍山、南京—滁州的协同创新关联度分别排在了第5位、第6位，芜湖—马鞍山排在了第4位。

从协同创新关联度的变化来看，协同创新关联的扁平化发展趋势更加明显，如"宁镇扬"之间的协同创新关联度从2010年的60.29%，变为2020年的56.97%。同时，2010—2020年，滁州与扬州、马鞍山、宣城等城市，扬州与淮安等之间的协同创新关联度提升更为明显，而南京与都市圈内各城市之间的协同创新关联度水平提升并不显著。

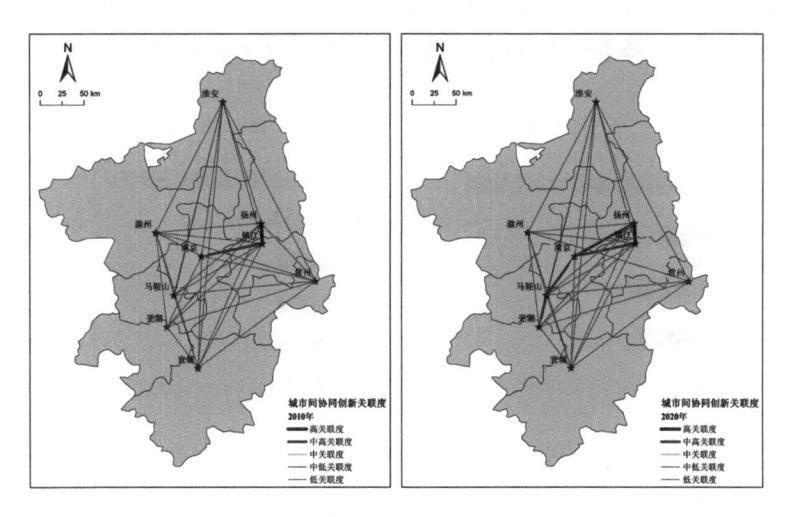

图4-3 南京都市圈协同创新关联度演变

二 南京都市圈协同创新的制约因素

在"8+2"城市的共同努力下，南京都市圈协同创新在不少领域取得显著进展，但仍然面临中心城市引领作用有待强化、领军型企业优势不明显、协同创新效应有待发挥等制约因素。

（一）中心城市引领作用不突出

从目前我国都市圈发展情况来看，首都都市圈、上海都市圈等成熟型的都市圈一般都拥有世界级核心城市作为引领。以上海都市圈为例，上海对苏州、南通等周边城市的带动作用十分显著，苏州、无锡和宁波已跨入"万亿俱乐部"，"嘉昆太"协同创新核心圈已成为虹桥国际开放枢纽重要的功能承载地。根据《2020 年广州市交通发展年报》显示，2020 年广佛之间每日出行需求达到了 176.3 万人次，位居广东各城市城际间出行第一，广州与都市圈内部城市联系密切。而从南京都市圈内部来看，一方面，南京作为都市圈的核心城市其创新投入、产出和创新载体方面都还有待进一步提升，2021 年，南京全社会研发投入占 GDP 的比值为 3.6%，国家高新技术企业数量为 7800 家，均低于省内苏州的 3.8% 和 11165 家。另一方面，较之上海都市圈等，南京都市圈内部发展差距较大（见图 4-4），产业的承接能力有限，城市之间竞争压力大于合作意愿。2021 年，南京的 GDP 在万亿元以上，而都市圈内的其他城市 GDP 总量基本在 5000 亿元以下（扬州为 6048.33 亿元）。

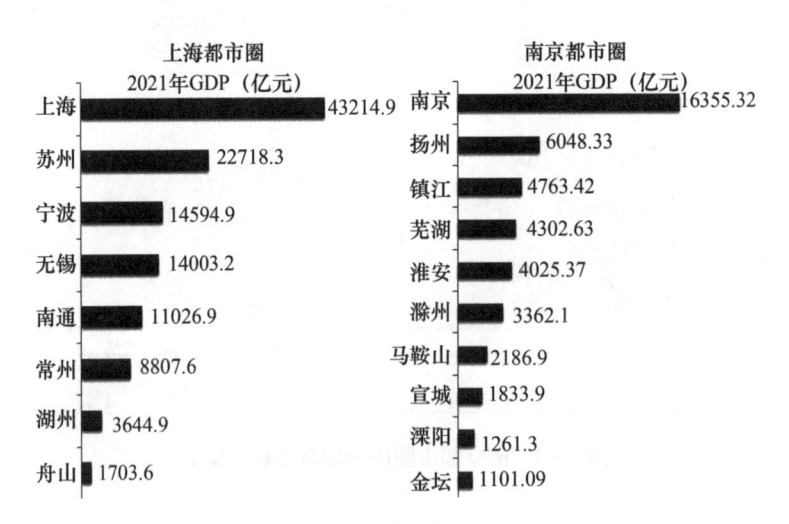

上海都市圈 2021年GDP（亿元）		南京都市圈 2021年GDP（亿元）	
上海	43214.9	南京	16355.32
苏州	22718.5	扬州	6048.33
宁波	14594.9	镇江	4763.42
无锡	14003.2	芜湖	4302.63
南通	11026.9	淮安	4025.37
常州	8807.6	滁州	3362.1
湖州	3644.9	马鞍山	2186.9
舟山	1703.6	宣城	1833.9
		溧阳	1261.3
		金坛	1101.09

图 4-4　南京都市圈和上海都市圈 GDP 对比

（二）创新平台共建共享不深入

都市圈内部不仅缺乏重大科技基础设施，城市之间科技创新平台共建共享也有待深入。一方面，重大科技基础设施的承载功能明显不足，较之于深圳都市圈拥有深圳国家基因库、国家超级计算深圳中心等一批重大科技基础设施，合肥都市圈拥有同步辐射光源、稳态强磁场、

EAST 托卡马克、聚变堆主机关键系统综合研究设施 4 个大科学装置，南京都市圈内部还缺乏国家级科技基础设施支撑。2016 年以来，我国开始启动建设国家制造业创新中心项目，如表 4-4 所示，截至 2022 年底，全国国家级制造业创新中心总数达到了 26 个，多以都市圈为主要空间载体，江苏仅有的两个，分别为 2019 年苏州的国家先进功能纤维创新中心和 2020 年无锡的国家集成电路特色工艺及封装测试创新中心，南京都市圈在创新平台建设、关键核心技术攻坚、企业技术创新能力构建和创新人才共建共享等方面仍有较大努力空间。另一方面，在一系列政策的推动下，南京都市圈内部的要素流动不断加快，但由于跨界规划和协议缺乏法定刚性约束，政府之间的协调成本较高，协调难度大，效率低，虽然各城市之间签订了一些共建园区的协议，但实质性落地的合作项目仍显不足。

表 4-4　　　　　　　　国家制造业创新中心分布情况

序号	名称	启动时间	城市
1	国家动力电池创新中心	2016	北京
2	国家增材制造创新中心	2017	西安
3	国家印刷及柔性显示创新中心	2018	广东
4	国家信息光电子创新中心	2018	武汉
5	国家机器人创新中心	2018	沈阳
6	国家集成电路创新中心	2018	上海
7	国家智能传感器创新中心	2018	上海
8	国家数字化设计与制造创新中心	2018	武汉
9	国家轻量化材料成型技术及装备创新中心	2019	北京
10	国家先进轨道交通装备创新中心	2019	株洲
11	国家农机装备创新中心	2019	洛阳
12	国家智能网联汽车创新中心	2019	北京
13	国家先进功能纤维创新中心	2019	苏州
14	国家稀土功能材料创新中心	2020	南昌
15	国家高性能医疗器械创新中心	2020	深圳
16	国家集成电路特色工艺及封装测试创新中心	2020	无锡

续表

序号	名称	启动时间	城市
17	国家先进印染技术创新中心	2020	泰安
18	国家地方共建硅基混合集成创新中心	2021	重庆
19	5G中高频器件创新中心	2021	深圳
20	国家玻璃新材料创新中心	2021	蚌埠
21	国家高端智能化家用电器创新中心	2021	青岛
22	国家智能语音创新中心	2021	合肥
23	国家现代中药创新中心	2021	天津
24	国际石墨烯创新中心	2022	宁波
25	国际虚拟现实创新中心	2022	南昌
26	国家超高清视频创新中心	2022	成都、深圳

（三）科技创新成果转化不及时

虽然目前都市圈内部城市与南京高校、科研院所及高端科技服务机构之间通过签订合作协议、设立研发中心等形式，展开了积极的合作。但整体来看，囿于高校和科研机构体制机制约束，以及科研方向与产业需求的错位等问题，部分城市即使引进了南京创新资源，建立创新平台和机构，整体科技成果承接转化能力有限，很难产生较大的经济效应。尤其从校地融合的情况来看，区域创新成果转化对接相对滞后，南京已有的基础学科优势并没有完全发挥出来，在信息科学、材料科学、生物科学等方面的诸多成果有待转化，区域内整体创新能力和产业链的配合程度有待进一步提高。

（四）产业整体协同效应不显著

从产业协同的角度来看，产业链协同效应不明显，根据《成都都市圈发展报告（2021）》来看，南京都市圈在生活同城、乡村振兴等方面有一定优势，但产业协作方面的短板比较突出（见图4-5）。一方面，都市圈内的城市大都将高端装备制造、新材料、节能环保等作为主导产业，但同一产业内部并没有形成明显的分工协作，同质化、低端竞争等问题突出，造成了资源的重复配置，影响了产业链整体竞争力的提升。另一方面，企业在区域协同创新体系中的主体地位不突出。近年来，南京都市圈也涌现了南瑞集团、埃斯顿、亚威机床、鱼跃医疗等企业引领行业发展，但总体来看，具有影响力的本土领军企业优势并不明显。2021年，南京都市圈高新技术企业数量合计1.4万家左右，是上海都市圈的31.4%、广州都市圈的70%、杭州都市圈的80%，市场主体的整体实力还有待提升。在市场机制不够完善的情况下，政府、科研机构和高校在创新活动的项目选择、组织方式、资金投入等方面的作用发挥容易受限，一定程度上抑制了区域协同创新活力。

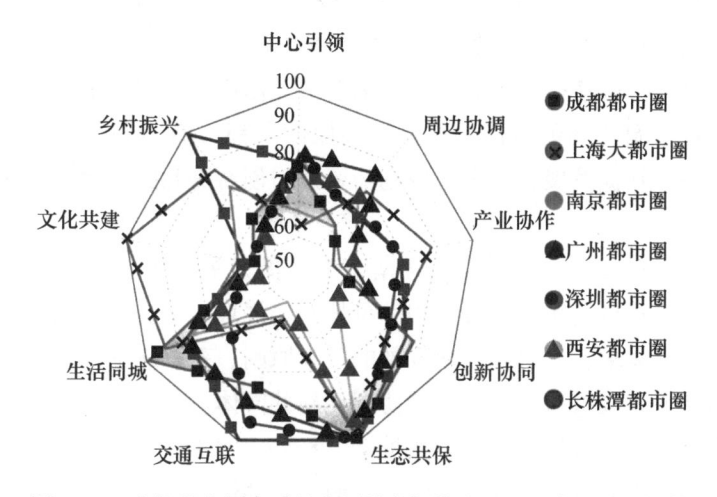

图4-5 成都都市圈高质量发展综合评价之同城化发展水平评价

（五）区域协同创新机制不完善

目前都市圈内部虽然已经形成了一定的协调发展机制，但囿于行政分割、市场壁垒、信息孤岛等现实制约因素，各个城市在政策环境、办事规则、执行标准上存在差异，相关协同政策在落地实施过程中难免会有偏差。一方面，长期以来在地方政绩目标和财政利益等的驱使下，不同地方之间存在着较为激烈的发展竞争。这种地方竞争在推动各自辖区经济社会快速发展的同时，也在一定程度上阻碍了跨区域的市场整合与协同创新发展。跨区域不同层级政府间话语权不对等、基层合作动力不足等问题依然存在。另一方面，从具体的合作项目来看，由于合作协议约束力较弱，各个城市在人才认定标准、创新产品统买统卖、创新券通用通兑、企业研发费用加计扣除、高新技术企业培育政策等方面存在差异，导致都市圈内部在协同创新政策、企业创新合作机制、产业链协同机制等方面仍然不够顺畅。

三　新时代南京都市圈协同创新的推进机制

紧抓引领性国家创新型城市建设，在服务国家创新驱动发展战略和构建新发展格局中，南京亟须与都市圈其他城市形成创新合力，在推动打造更加高效的科技创新共同体中，积极做出南京贡献。

（一）建立更加紧密的制度创新集成机制

积极发挥南京作为中心城市的辐射带动作用，坚持系统集成思维构建南京都市圈协同创新体制机制，确保南京都市圈内部实现有序、协调、互补、互促发展，促进区域创新要素与创新资源的流动与优化组合配置。

一是推动规划法治化。在《南京都市圈发展规划》的框架下，进一步细化科技创新协同发展规划等科技创新规划，根据都市圈内部不同城市的发展需求，对协同创新发展的基本原则、重点任务等统一部署和系统协调，共同打造南京都市圈协同创新共同体。

二是推动制度标准化。尽快推动"8+2"不同行政区在科技政策、科技标准、创新规范、成果认定等方面达成共识，打破市场分割、提升办事效率，降低成果转化过程中产生的交易成本，实现科技设施"通联"、科技资源"通用"、创新政策"通兑"。

三是推动合作常态化。聚焦"一体化"和"高质量"两个关键，按照"政府推动、企业为主、市场配置、长期合作"的原则，推动构建常态化的沟通交流机制，丰富和深化科技创新发展的对话机制，在重大项目攻关、重要信息发布、学术交流等方面形成常态化的合作。加大金融、司法、政协、人大等部门在科技创新治理上的参与力度。设立南京都市圈科技创新联合基金，以保证日常运作的顺利进行。

四是推动运作实体化。积极发挥南京都市圈建设办公室在协同创新发展中的作用，成立南京都市圈协同创新发展协调委员会，设置创新联席会议制度，不断完善都市圈内部跨区域、跨部门之间的创新治理协商机制，统筹协调创新协同发展中的政策配套服务、园区共建等重大关键性问题。设立专门的创新服务工作组,针对技术需求和创新研究定期开展实地调研,建立都市圈科技基础和创新需求之间的纽带。

(二)建立更高等级的创新载体共享机制

在短时间内突破都市圈内部城市长期存在的行政分割和市场壁垒还比较难。因而推进创新资源共享、创新平台合作,不仅是南京都市圈协同创新发展的基本框架和长期思路,更是实现都市圈协同创新发展目前切实可行的路径。

一是共建国家级科技创新平台。围绕国家区域科技创新中心和综合性国家科学中心建设,优化重大科研基础设施布局,依托国家级江北新区、网络通信与安全紫金山实验室、紫金山科技城和麒麟科技城"两城"基础研究新高地,全力争取更多国家级科研平台、国家重点实验室、工程中心、大科学装置等重大设施落地。建设前沿科学交叉研究平台,充分发挥国家第三代半导体技术创新中心(南京)的作用,争创更多国家级产业创新中心、制造业创新中心等,不断完善"基础研究+应用研究+成果转化"多层次全流程的创新体系建设。

二是共享现有科技创新载体。积极发挥都市圈的创新合力,加快实施国家重大科技基础设施集群培育计划,系统梳理现有科技创新载体,加快盘活都市圈创新资源。推动都市圈内部共享现有的重点科技创新设备、科技创新重点实验室、科技服务平台等创新资源。建立都市圈内部重点科技创新载体开放共享机制,推动更多国家级及省级重点实验室、科技创新中心、中试基地、孵化基地等面向都市圈内部相互开放,加快都市圈内部各类科研机构、高校院所等的互动合作,为相关企业及科研机构等提供孵化、中试、产业化等技术服务和技术交易保障。

三是共谋多元协同创新空间。对标上海 G60 科创走廊建设,围绕 G328、G312 科创走廊,依托两侧的国家级众创空间、科技企业孵化器等创新空间,全力合作,争取更多国家级和省级重大科技项目。探索城市之间科技创新与产业转型升级的多元化合作模式,共建各类合作园区,拓展经济合作空间,延伸科技产业链条,形成科技创新成果的梯度转移。不断提升各类合作园区的智能化和信息化水平,重点打造南京(仙林—宝华)科学城,推广宁淮特别合作区模式,深化"总部+基地""研发+生产""智慧+应用"模式,将南京都市圈打造成为"产业+科技"深度融合高地。

（三）建立更加高效的科技成果转化机制

都市圈各个城市联合发力，以技术应用和产业化为目标，打造全球化"成果+人才+资本+市场"创新转化模式，真正实现"基础研究—产业发展—市场反馈"的正向创新循环。

一是建立南京都市圈创新成果共享平台。充分发挥"都市圈科技创新生态图谱"服务创新功能，基于信息共享、资源展示、技术对接等，实现高校院所、创新平台、重点企业、产业园区、新型研发机构等科技创新资源的无缝对接。加快建立区域科技资源共建共享机制，立足南京都市圈，联动其他长三角区域，整合利用不同区域间的各类科技数据资源和平台。充分发挥南京的人才、科技和研发创新优势，鼓励都市圈周边的城市在南京建设"创新飞地"，打通技术研发到产业化运营通道，推进南京都市圈科技创新共享平台与载体建设。

二是建立南京都市圈成果转移转化平台。围绕全球成果转化大平台建设，完善"基础研究+技术攻关+成果产业化+科技金融"创新成果培育链条，进一步推动成果与市场需求、金融资本的相互对接，促进更多科技成果转移转化。鼓励和协助行业骨干企业与境内外高水平高校、科研院所共同成立产业创新联合体、联合研发平台等，不断探索建立适合成果转化的科技创新体制机制和政策。围绕科技成果转化协同创新平台建设，积极与都市圈其他兄弟城市共建科技创新孵化器、人才培养基地、技术创新联盟等多种形式的产学研合作平台，优化全链条产学研平台建设。

三是打造南京都市圈公共服务平台。建设面向南京都市圈的大数据综合性交易平台、科技创新综合服务平台、科技人才资源共享平台、文献资源和技术信息共享平台等，不断完善"线上+线下""技术+平台"相结合的技术市场体系。发挥南京都市圈技术转移联盟作用，推进江苏省技术产业交易市场都市圈各城市分中心建设，不断完善都市圈技术交易服务体系。

（四）建立更加成熟的产业协同创新机制

着力解决"行政区边界分割经济区"的难题，根据不同城市产业发展特点和优势，积极促进创新链、技术链和产业链有机融合，合力推动集群强链，构建安全韧性的区域产业协同创新体系。

一是确立南京产业链协同主导地位。要明确南京在都市圈产业链协同中的核心主导地位，加快形成软件和信息服务业等八大产业链的核心竞争力。通过以点带面促进产业链、供应链和创新链的融合发展，加快大数据、人工智能等新一代信息技术与传统产业深度融合，推动南京的制造业以及整个产业链向高端化发展。积极落实《南京都市圈产业"集群强链"行动方案》，联合编制都市圈重点产业发展白皮书和重点产业链全景图，明确各城市产业链不同环节的协同发展，带动都市圈内部的技术创新和产业链向高端攀升。

二是加强产业链与创新链、价值链融合互动。聚焦未来网络、集成电路、人工智能、生物医药等重点领域，以及南京都市圈公共安全、生态治理、民生保障等公共领域的共生性关键技术，开展联合研究，联合攻克一批核心技术。引导和整合南京科研院所、企业等不同创新主体，加强前沿基础研究，围绕前沿性、颠覆性、交叉学科等技术领域，提升关键核心技术源头供给能力，真正实现创新链、产业链和价值链的融合互动。

三是积极发挥企业的创新主体作用。企业是市场最直接的参与者，能够敏锐感知客户需求，真切把握创新动向，尤其是在信息网络技术条件下，企业的产业创新活动空间更适应"开放化、网络化、虚拟化"的特征。围绕企业建立政府引导、高校院所支撑、各创新主体相互协同的创新联合体，能够通过市场需求引导创新资源有效配置，建立以企业为主导的"基础研究＋成果转化＋产业化"的自下而上的新型协同创新组织形式。鼓励龙头企业在都市圈内设立生产基地、分公司、研发机构等，促进都市圈的产业链分工和价值链协作，推动南京都市圈生产和创新网络的一体化发展。以创新服务、创业孵化、市场拓展为导向，积极吸引更多创新主体，通过组建大中小企业联合创新共同体，共同承担国家、省重大项目，开展产业链关键核心技术攻关。

四是以数字化驱动产业链向高端攀升。联合都市圈内的各个城市，不断完善数字经济产业发展生态，推动智能赋能，依托工业互联网、人工智能和大数据等技术，全面推进传统制造业全产业链的数字化升级和高端化转型，提高内生动力。在都市圈内部超前谋划与优先布局5G、人工智能、数据中心、工业互联网等新型智能基础设施,充分发挥大数据基础设施建设在城市治理、生态保护、产业发展中的基础性引领作用。

(五)建立更加公平的科技合作激励机制

要尊重都市圈内不同城市的利益诉求,逐渐从"行政协调机制"向"利益协调机制"转型,打破行政区域的壁垒,实现各城市之间协调沟通的法治化和常态化。

一是完善区域科技合作利益共享机制。由于目前税收制度和政绩考核制度的限制,导致地方政府没有动力支持本地创新成果向其他地区转移,制约了区域整体创新能力的提高。积极开展跨区域科技合作利益共享试点,基于产业链条推进跨区域的利益共享,针对跨区域的企业对接、产业转移、重大项目协作、科技成果转化等,基于税源协商探索跨区域成本利益共担共享的税收协调机制,提高跨区域创新合作的积极性。

二是建立基于产业链的利益共享机制。分析都市圈内创新主体之间的利益关系,围绕孵化、中试、产业化全链条,基于设计、制造、应用、封装、测试等不同环节,以产业合作的利益共享机制推进更多产业合作项目落地。探索异地孵化、园区共建、反向飞地、伙伴园区等跨区域产业合作新模式,建立基于迁出地、迁入地和转移企业共同利益考量的税收政策,实现利益主体共赢。

三是加快建立利益共享激励机制。以市场化的方式设立都市圈一体化发展投资基金、同城化科创专项基金等,用于支持产业转移承接和技术输入输出,为都市圈开展创新合作和产业链协同提供资金支持。努力争取国家级共建互惠产业项目的基金支持,共同协商不同利益主体的权益分配。

(六)建立更加坚实的创新协同支撑机制

不断优化金融、人才等创新协同支撑要素,提升区域协同创新的驱动力,共同构建开放融合的创新环境。

一是创新金融服务模式。充分发挥资本市场在南京都市圈协同创新中的重要作用,引导社会资金流向都市圈建设的重点领域,推动都市圈内部资金、信息、人才等要素互联互通。推动南京金服平台服务都市圈科技企业，探索设立都市圈科创投资联合基金，建立跨区域科技创新投融资体系，支持都市圈科技企业创新发展，积极参与长三角科技金融改革试验区建设。加强南京都市圈资本市场平台建设，促进资本市场互联互通，完善科技创新投融资体系，推进都市圈内市场一体化。

二是促进人才协同创新。不断完善人才一体化的体制机制，围绕人才协同创新的重点领域和关键环节，在知识产权保护、人才资格互认、人才招聘、成果认定等方面，出台加强区域人才队伍建设的政策举措。建立南京都市圈人才公共服务衔接机制，在社保、医疗卫生等方面形成统一的人才政策和待遇。打通科研机构和企业"旋转门"，鼓励科研人员双向流动，建立更加灵活的人才管理机制，真正实现人才信息、人力资源、服务平台和人才政策的互通共融。

三是营造开放共享的创新环境。南京都市圈不仅要促进内部协同创新，更要以开放的思维和视野，加快融入长三角科技创新合作，实现与上海、合肥、杭州在科技创新上的功能错位和发展对接，尤其是加强与周边合肥都市圈、杭州都市圈在区域创新政策的制定、重大科技创新项目的联合攻关、科技创新平台的搭建和信息共享等方面的对接。同时，要进一步扩大南京都市圈的对外科技合作，打造更多国际科技合作平台，加快融入全球创新网络，全面对接国际市场规则体系。

四是打造南京都市圈智库服务平台。进一步聚焦全球知名高校、重量级科研机构，与顶级专家、华人教授、退休科学家建立畅通的联系渠道。发挥南京智库优势，以多种方式开展创新研究合作，及时发布南京都市圈协同创新的最新成果，促进区域创新研究一体化，营造有利于南京都市圈自主创新能力提升的环境和氛围。

第五章

创新型城市建设与创新效率提升

城市是国家和地区科技创新能力提升的重要承载，但是不同城市基于创新初始条件和环境、创新资源禀赋的不同，在科技创新发展中所选择的发展模式和发展路径也有所差别。创新型城市实现高质量发展，要兼顾创新发展的一般规律和自身科技创新特点，制定符合实际情况的创新发展战略，提升城市创新效能，构筑城市发展新优势。

第一节 创新效率提升的内在机制

一 创新型城市构建的核心主体

在不依赖外力的情况下，城市和区域想要实现经济持续增长，需要不断提升科技创新内驱力，这是新经济内生增长理论的核心思想。为了促进城市科技创新水平的提高，城市创新主体、创新要素和创新环境之间相互作用，形成复杂的有机整体，通过多方协同发展，以获得持续性共创价值的实现，成为促进城市健康可持续增长的内生动力。关于创新型城市构建的核心主体以及相互之间的作用关系，相关学者从城区创新空间、城市创新生态系统建设、城市创新能力提升等方面基于城市尺度对影响创新型城市建设的核心主体进行了系统阐释。"创新城区"（Innovation District）在《创新城区的崛起：美国创新地理的新趋势》中被第一次提出，布鲁金斯学会的布鲁斯·凯茨（Bruce Katz）认为，为了改变滨水、旧工业区等衰败地区的面貌，通过空间再开发和价值再造使该地区成为集聚研发机构、创新型企业、宜于创新的城市环境和空间等创新资源的载体，并在2014年和2017年的两份报告中对"创新城区"

的概念进行了系统阐释。创新城区发展的目标是实现创新要素的优化配置，打造稳定健康的创新环境、产业环境和城市环境，推动创新的持续迭代。[1] 城市创新生态系统是一个涉及多主体、多层级的复杂系统，关于城市创新生态系统的构成要素，相关学者基于不同主体、不同层级等视角进行了系统研究，但也没有形成统一共识。Bittencourt 等认为城市创新生态系统中涉及公司、消费者、供应商、监管机构、企业家、基础设施、法规、金融资本、知识、创意、投资者、导师、大学等不同的参与主体。[2] Radicic 等认为创新生态系统需要企业、大学、创业者、客户、监管机构以及所有行政层级的政府部门等不同主体之间的协同合作。[3] Hienerth 强调城市创新生态系统中协同作用的影响，认为协同作用可以降低创新活动的风险。[4] Chesbrough 强调开放式创新的重要性，认为开放式创新可以促进创新生态系统中的创新主体和创新要素互相交流，共享知识成果。城市创新能力受多种因素的影响，最终表现为城市创新系统中创新主体、创新资源相互作用和协同整合的结果。[5] Nathan 和 Lee 通过研究英国企业数据，提出城市文化多样性对创新创业的重要影响，尤其在企业管理层面，多元化的生态环境可以显著提高企业的创新绩效。[6] 王晓红强调了城市基础设施创新与城市制度文化创新等城市

---

[1] 任俊宇：《创新城区的机制、模式与空间组织研究》，博士学位论文，清华大学，2018 年。

[2] Bittencourt B. A., Gazaro Dos Santos D. A., Mignoni J., "Resource Orchestration in Innovation Ecosystems: A Comparative Study Between Innovation Ecosystems at Different Stages of Development", *International Journal of Innovation*, 2021, 9 (1): pp. 108 – 130.

[3] Radicic D., Pugh G., Douglas D., "Promoting Cooperation in Innovation Ecosystems: Evidence From European Traditional Manufacturing SMEs", *Small Business Economics*, 2020, 54 (1): pp. 257 – 283.

[4] Hienerth C., Keinz P., "Synergies among Producer Firms, Lead Users, and User Communities: The Case of the LEGO Producer-user Ecosystem", *Journal of Product Innovation Management*, 2014 (4): pp. 848 – 866.

[5] Chesbrough H., Bogers M., "Explicating open innovation: clarifying an emerging paradigm for understanding", in Chesbrough H., Vanhaverbeke W., West J., eds. *New Frontiers in Open Innovation*, Oxford: Oxford University Press, 2014, pp. 3 – 28.

[6] Nathan M., Lee N., "Cultural Diversity, Innovation, and Entrepreneurship: Firm-level Evidence from London", *Economic Geography*, 2013, 89 (4), pp. 367 – 394.

创新环境氛围的重要性。①

综合以上研究，城市创新生态系统是在政府部门支撑引导下，高等院校、创新型企业、科研机构、中介服务等多元创新主体相互作用所形成的有机整体。从微观构造来看，创新型城市的核心主体可以分为三类：一是生产者，包括高等院校、科研机构、科技创新企业的研发部门、科技创新研究中心等。作为科技创新成果和科技创新人才的输出主体，主要致力于基础性研究和自主创新能力的提高，面对国家战略需求和市场前景，针对关键核心技术、关键核心环节等实现技术突破和提升创新的原始策源能力。二是消费者，包括创新型企业、科技创新转化机构、科技成果转化中介等。作为科技创新成果的转化主体，主要负责发现和挖掘科研成果的应用价值，实现科研成果的经济和社会效益。三是支撑者，主要包括政府、金融机构等。作为科技创新成果的支撑主体，可以通过相关财政政策、创新政策、产业政策等保障创新成果的研发、转化，扩大创新成果的溢出效应，使创新真正回归社会，成为人民美好生活的助推器。科技创新在国家和区域经济社会发展中的地位不断凸显，面对新时期国家安全、经济社会发展等不同领域的新要求，政府在科技创新中的作用不断加强。"大科技"时代，政府更有优势集聚各方力量，展开大规模科学研究，加快提升科技创新的战略引领性和突破带动性，即使是金融、司法等与科技创新不直接相关的部门，也都成为支撑创新型城市建设的重要力量。

二 创新效率提升的影响因素及促进机制

决定城市创新效率的因素有很多，包括城市创新要素集聚程度和创新创业环境氛围，以及城市中的创业者们能否享受到完善的配套基础设施，在城市中的幸福感，同时，城市能否为创新创业的人们提供强大的平台和载体，以及相应的政策、金融、科技等方面的扶持，为大家从事各种创新活动提供便利，能否形成有效的科技成果转化机制，促进创新成果很快转化成创新产品以实现其经济和社会价值也同样重要。因此，

---

① 王晓红、张少鹏、张奔：《创新型城市试点政策与城市产学研知识流动——基于长三角城市群的空间 DID 模型分析》，《科学学研究》2021 年第 9 期。

基于创新效率的提升,建设创新型城市应围绕创新主体、创新载体、支撑体系和基础设施等主要方面来构建理论基础。

在国内外相关研究基础上,从创新主体、载体建设、支撑体系和宏观环境四个维度全方位构建创新型城市的核心体系,建立"一主三子"模型(见图5-1)。其中,"一主"为创新主体,是创新活动的主要承担者;"三子"分别是创新载体平台子系统、创新支撑体系子系统、创新宏观环境子系统。其中,创新载体平台子系统主要是为创新主体提供服务的公共服务平台、各类专业技术服务平台和孵化器等。创新支撑体系子系统主要指为创新活动主体提供科技中介服务、金融服务体系等专业化的组织机构。创新宏观环境子系统是创新主体活动的整个外部宏观环境,除了围绕创新的基础设施建设外,还有城市整体的创新氛围、文化教育服务和经济社会发展等宏观背景。

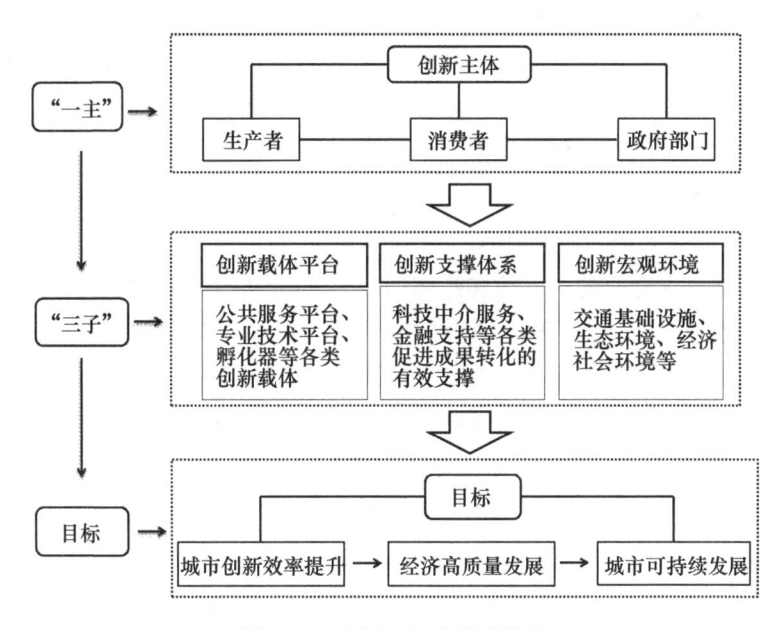

图5-1 创新型城市微观构造

在"一主三子"创新型城市建设评价模型基础上,建立了以创新主体系统、创新载体平台子系统、创新支撑体系子系统、创新宏观环境子系统四个维度为主干的一级指标,并进一步延伸出创新型城市建设系统评估的二级评价指标体系。其中，创新主体系统包括诺贝尔奖获得者人数、院士人数、"千人计划"人数、"省级层面人才计划"人数、"新三板"挂牌企业数量等；创新载体平台子系统包括国家级实验室、省级以上技术平台、孵化器载体建设、国家级产业创新载体等；创新支撑体系子系统包括金融支持融合度、科技中介服务能力、研究机构合作度、创业大赛影响力、政策扶持度等；创新宏观环境子系统包括文化基础设施建设、绿色生态环境、生活便利程度、经济发展潜力等。

第二节 国外创新效率提升的实践探索

一 聚焦创新主体完善顶层管理体系

从世界科技强国的经验来看，创新效率的提升离不开高校、科研院所、企业等创新主体之间的密切合作和联动发展。亟须围绕创新主体、创新活动和创新产业等，建立多方协调的综合管理机制，营造良好的政策环境和完善的科技创新体系，培育壮大创新主体，充分激发创新主体活力动力。

（一）设立专门机构负责统筹协调

通过设立专门的国家级和跨部门的协调机构，统筹和安排不同创新主体的创新活动，促进整体创新效率提升。日本经历了多次科技创新决策机构变革和实践，从科学技术厅（1956年）—科学技术会议（1959年）—综合科学技术会议（2001年）—综合科学技术创新会议（2014年），逐渐打破行政机关职权分割的局面，构建了统筹、高效、权威的科技政策决策机制。美国虽然没有统一的科技部门，但也形成了总统直接负责，由行政部门和立法部门共同承担的科技政策体系，尤其是国防高级研究计划局（DARPA）主要负责前沿科技领域新技术的研究和应用，其高效运转的机构体系和专注创新的管理体制具有诸多优势。法国于20世纪中叶成立了直接服务于总理及政府部门的"战略研究委员会"（Conseil Stratégique de la Recherche，CSR），主要负责研究和确定全国的科技创新活动，制定和实施国家科技创新政策，并开展绩效评价。CSR主席由总理担任，同时注重成员的广泛多元，包括法国大区委员会办公室成员、国会议员,以及科技、创新、经济等不同领域的专家和杰出代表。德国在20世纪中叶成立了联邦科学研究部,主要负责制定科技政策和管理科研经费,把握科研方向及研究重点,并相继成立了十多个国家级大型研究中心和众多中小型的研究机构,为德国科学研究与技术进步奠定了良好的基础。20世纪80年代,韩国确立了"科技立国"战略,并出台《科学技术革新特别法》,成立国家科学技术委员会,强化对科技创新的战略指导和支持。以色列早在1949年就建立了国家科学技术委员会,专门负责科技创新政策的研究和实施工作。

(二)发挥科技创新规划引领作用

发挥规划的引领作用,致力于保证创新活动的可持续性发展。早在2005年,美国就出台了《国家创新法案》,成立总统创新委员会,制定一系列促进创新的战略和计划,增加对创新的投入资助。日本从1995年开始,每五年制定《科学技术基本计划》,为科技创新提供基础法律保障和发展指南。2016年开始实施的第五期"基本计划",首次以定量方法设置了未来计划和衡量指标,并突破性提出"社会5.0"超智慧社会概念,在第六期(2021—2025)中进一步明确"社会5.0"的具体内容和政策举措。2020年,日本还变更《科学技术基本法》为《科学技术创新基本法》,适用对象扩展至人文社会科学领域和各种创新创造活动,对"创新"的定义作出明晰界定,并新增了科研机构、大学及各类民营经济主体对于人才培育和使用方面应尽的义务。德国从2006年开始推出了一系列连续性、渐进性的高科技创新战略和创新政策,《德国高科技战略》报告明确了德国创新力量的政策路线,并首次提出产业集群战略。2010年,德国制定《高科技战略2020》,确定了能源/气候、健康/营养、交通、安全、通信等需求领域,并围绕这些领域制订了相应的创新计划。随后,《高技术战略2025(HTS 2025)》出台,致力于解决时下出现的各种社会问题,促进科技创新与经济社会发展的深度融合,提升未来构建的能力等。2023年最新通过的《未来研究与创新战略》,成为德国联邦政府最新的科技创新顶层战略规划。

（三）重视保护创新主体合法权益

健全的制度保障和激励机制可以为科技创新保驾护航，更加有效地保护创新主体的权利，激发创新创造活力和积极性，同时也能预防由于技术创新的溢出效应而导致的搭便车行为。专利制度虽然发端于15世纪的威尼斯，但1624年英国出台的《垄断法案》被认为是全球首部现代专利法，之后被其他国家效仿。美国十分重视知识产权的保护和推广，出台了《版权法》《专利法》等一系列法律法规，形成了世界上最完善和最先进的知识产权保护体系，同时通过美国专利商标局（USPTO）、联邦贸易委员会（FTC）等强大的知识产权执法机构，保障法律的顺利实施，维护法律的公平正义。为了保护创新主体，加快科技创新改革，提升科技创新水平，2006年法国出台了《科研项目法》。

二 发挥创新载体平台多元集聚作用

（一）完善人才教育和培养体系

"学校+企业"的双元模式是德国职业教育体系最为显著的特点，这套体系所涉及的职业种类源于产业结构的发展需求，同时也会根据产业变迁不断地进行改变和调整，为德国经济和社会发展提供了大量高技能、专业化的人才储备力量。瑞士"学徒制"人才培养体系同样也为创新发展提供了大量与产业结构相匹配的多元化的高端人才。以色列形成了完善的基础教育和高等教育的人才培养体系，为科技创新提供了丰富的高端人才储备，其《义务教育法》规定，所有少年儿童必须接受义务教育，并通过一系列法律为基础教育保驾护航，公民受教育率达95%以上，在全球仅次于瑞典。同时，以色列拥有世界一流的科研和教育机构，形成了从基础教育到高等教育的完善的教育培养体系，输出了大量的创新创业人才。日本不仅注重"工匠精神"的塑造，善于激发学生的兴趣，更是针对保障青年人才研究环境、提高博士生待遇、强化女性科研人才培育等棘手问题提出了具体落地政策，如"突破性创新研究支持计划"，可以确保受资助的科研人才在最长10年（原则上7年）的时间内安心从事创新活动。

（二）强化创新载体建设

创新载体平台是进行创新活动的重要基础。法国在2016—2017年间，由政府委托第三方组建了数字农业融合研究所、图灵生物系统中心等10家"融合"研究所，致力于解决经济社会发展中出现的具体问题，这些由独立法人机构牵头，多方共建的科研组织机构在促进多学科融合、加快科研成果转化等方面作用显著。美国为了推进制造业创新网络计划，在增材制造、电力电子、复合材料、纤维纺织、智能制造、数字制造与设计、生物制药、生物制造等基础领域和重要科技前沿规划设立了一批美国制造业创新研究院。顺应人工智能发展需要，美国发布《国家人工智能研发战略规划》，通过打造共享数据平台和共用软件，致力于保障人工智能的快速发展。德国弗劳恩霍夫应用研究促进学会成立的初衷就是为了促进基础研究与产业应用的联动发展，将科学研究的价值最大化地展现出来，在完善多元化的资金筹集机制、汇聚多方创新力量、促进专家学者深度参与决策管理、完善知识产权保护机制等方面发挥了重要作用，成为德国重要的国家级研究机构。

（三）加大创新投入保障力度

作为全球科技创新高地，美国政府十分重视对基础研究和新兴产业领域的研发投入。美国半导体协会（SIA）公布的数据显示，美国芯片企业的研发投入占比为18.7%，位居全球各国之首。尤其是拜登政府更加重视提高科技研发投入强度，并将着力点放在了基础研究和半导体、先进通信技术、生物技术等关键新兴技术上，如2021年出台的《美国就业计划》计划将投入5800亿美元用于投资研发和未来技术发展，重塑和振兴制造业发展。为了支持人工智能、量子信息科学等新兴技术产业研发和应用项目，《无尽前沿法案》颁布实施，五年之内预计投放1100亿美元。德国从2006年的《高科技战略》开始，一直将增加创新投入作为促进创新发展的重要议题，2012年《高科技战略行动计划》规定，2012—2015年计划投资约84亿欧元用于未来研究项目，2018年《高技术战略2025（HTS 2025）》针对基础研发和科技创新，在财政上进一步设定了新投入目标和具体安排，计划到2025年实现联邦研发投入占GDP的比例达3.5%。2019年底，韩国科技部出台《人工智能国家战略》，提出未来10年将投资一万亿韩元（约60亿元人民币）用于研发人工智能半导体技术。2017年，英国政府发布《产业战略：建设适应未来的英国》白皮书，计划将国家生产力投资基金增至

310亿英镑，10亿英镑投资于5G技术和全光纤网络高速宽带等基础设施建设。

三　建立创新支撑系统高效协同机制

（一）协同推进政产学研机制

美国已经形成了各级政府、高校、联邦科研机构、企业、金融资本和中介服务机构等高效互动、相互促进的生态网络系统，不同创新主体在"政产学"联盟中各司其职，促进了创新体系的高效运转。如全球创新集聚地"旧金山湾区"成功构筑了围绕硅谷自主创新，资本外溢辐射的创新生态网络，形成了基础研究、应用研究和产业转化的良性循环，其中由斯坦福大学创造的产业产值占硅谷总产值的50%—60%，真正实现了从前端的基础科学和技术，到后端的技术应用和成果转化的全产业链创新链的高效贯通。日本的创新体系以"政产学研一体化"为核心特征，针对创新活动积极采取政府干预支持政策，同时充分发挥国立科研机构、高校院所、高科技企业等创新主体在自主创新和产业转化方面的重要作用，完善跨主体协作机制。德国通过一体化研究中心、技术转移中心、科技园的建设等加速科学研究项目的成果转化，如德国的慕尼黑科技园，是德国重要的科技创新中心，也是实现产学研成功合作的重要载体。

（二）完善科技创新治理结构

以色列形成了独特的科技创新管理模式，不断完善创新生态系统，有效地支撑了创新创业发展。为了突出科学家的重要作用，成立了"首席科学家办公室"，同时为了协同不同部门之间以及政府和民间的科学活动，设立了"首席科学家论坛"。特拉维夫是世界上最早建立"首席科学家"办公室的城市，政府充分尊重首席科学家的意见，首席科学家代替政府具有投资意向的决定权，如果新创企业急需融资，但找不到合适的风险投资，首席科学家具有投资项目的决定权，对于认可的项目可以代替政府行使投资决策权。同时，政府赋予首席科学家办公室运营项目的权利，当政府将资本注入认可项目之后，就将其所有权和使用权彻底委托给首席科学家办公室团队管理，形成"政府出资、专业运营"的权责分离机制。

（三）推动技术成果转化机制

德国政府制定了"高等院校和企业间的技术转移"竞赛机制，通过推出知识转移项目、三边转移项目等，支持大学和科研机构针对向企业转让技术项目展开竞争，进一步促进大学、科研机构与企业的合作关系。为了促进高校科研成果的应用转化，将更多的基础研究成果转化成具有商业应用价值的技术，以色列特拉维夫在高校建立技术转化和商业运作中心，鼓励不同专业领域根据自身需要寻求适合自己的商业投资和运作模式。特拉维夫的大学基本会设立一个创新中心，它相当于一个孵化器和加速器，具备企业家精神的在校人员可以通过该平台来实现自己的创意转化。同时，在大学开设创业课程，提供给那些有创业想法的学生选报。

四 营造开放合作包容创新宏观环境

（一）良好的创新生态与氛围

以色列被誉为"创业之国"，源于其多元化的社会结构和开放的文化氛围，包括政府的支持和鼓励、移民和多元文化的融合、开放和包容的社会氛围、对于失败的容忍鼓励等。以色列开放包容的文化氛围吸引了谷歌、微软、英特尔、IBM、惠普等300多家跨国公司在当地设立了研发中心，这些公司不仅为以色列提供了技术成果转移和人员就业机会，也为以色列提供了市场和合作伙伴。日本注重塑造自由、包容的科研氛围，保证进行基础研究的良好生态环境，如京都大学以"自由豁达"为校训，研究者们可以在轻松自由的环境中基于自身兴趣爱好专注于自己的研究领域，同时，日本的科研申报实行的是"课题注册制"而非层层"审批制"，不仅保证了经费的快速到位，也为学者们安心进行研究提供了保障。

（二）重视国际科技创新合作

瑞士为了促进创新主体（如科研机构、高等院所、企业等）与亚洲国家开展科技合作与交流，建立了"瑞士科技文化中心"，并定期开展相关学术交流、技术展览等。德国充分利用全球创新资源，不仅重视与欧洲研究区的科技合作，同时支持高校、研究机构的人员更多参与"地平线欧洲"研发计划，并注重与北美、中国、非洲和中东等地区的科技合作，以提升全球科技创新影响力。日本十分重视国际科技合作交流，积极鼓励本土研究人员走出国门，参加国际学术交流、参与制定国际科技规则，同时，为了快速提高科技创新能力，从2004年开始，日本学术振兴会推出"强强合作计划"，旨在推进日本与美国、加拿大等15个发达国家和地区在前沿科学领域的交流合作。

第三节 国内主要城市创新效率的比较分析

南京和苏州是江苏省科技创新能力最强的两座城市，肩负着加快全省科技创新步伐的历史重任，而深圳和杭州是近些年中国科技创新的成功典范以及新经济下科技创新的领跑者。南京、苏州、杭州和深圳这四座城市，在产业基础、创新资源、创新模式，以及创新的外部环境等方面具有较强的代表性，对这四座城市的科技创新进行比较研究，有助于指导其他城市选择更为适合的科技创新路径。

一 主要城市科技创新发展的基本情况

（一）科技创新基础支撑情况

1. 经济综合实力

十年来，南京经济实力稳步提升，经济总量连跨九个千亿级台阶，2015年迈进GDP万亿级城市行列以来，一直保持在全国大中城市十强。2022年，南京地区生产总值达16907.85亿元，较上年增长2.1，但与其他三市相比，低于深圳（32387.68亿元）、苏州（23958.30）和杭州（18753.00亿元）。深圳经济总量排名全国第三，继上海（2017年）和北京（2018年）之后，成为国内第三个地区生产总值突破3万亿元的城市。苏州的经济实力高居我国各大城市前列，2022年经济总量超过了香港，成功在7个"2万亿城市俱乐部"中占据一席之地。2015年、2016年杭州与南京先后进入GDP超万亿城市行列。但相对来说，南京的经济总量在四个城市中相对较弱（见表5-1）。

表 5-1　　　　　　2022 年全国主要城市 GDP 排名

名次	城市	GDP（亿元）	增速（%）	人均 GDP（万元）
1	上海	44652.80	-0.2	17.95
2	北京	41610.90	0.7	19.01
3	深圳	32387.68	3.3	18.44
4	重庆	29129.03	2.6	9.07
5	广州	28839.00	1.0	15.44
6	苏州	23958.30	2.0	18.79
7	成都	20817.50	2.8	9.81
8	杭州	18753.00	1.5	15.71
9	武汉	18866.43	4.0	15.31
10	南京	16907.85	2.1	18.15

资料来源：各城市 2022 年国民经济和社会发展统计公报。

财政收入是经济社会进一步发展的动力。上海市 2021 年一般公共预算收入为 7771.80 亿元，增速超过了 10%，排名第一。2021 年，南京一般公共预算收入为 1729.5 亿元，落后于深圳（4257.7 亿元）、苏州（2510.00 亿元）和杭州（2386.60 亿元）（见表 5-2）。

表 5-2　　　　　　2021 年全国主要城市财政实力排行

排序	城市	一般公共预算收入（亿元）	增长率（%）
1	上海	7771.80	10.3
2	北京	5932.30	8.1
3	深圳	4257.70	10.4
4	武汉	2914.24	21.8
5	苏州	2510.00	9.0
6	杭州	2386.60	14.0
7	重庆	2285.50	9.1
8	天津	2141.10	11.3
9	广州	1883.18	9.4
10	南京	1729.50	5.6

资料来源：各城市 2021 年国民经济和社会发展统计公报。

2. 产业结构发展情况

三次产业发展方面，如图5-2所示，四个城市目前均是"三、二、一"的产业格局，2021年南京三次产业结构调整为1.8∶36.1∶62.1，深圳为0.1∶37.0∶62.9，杭州为1.8∶30.3∶67.9，苏州为0.8∶47.9∶51.3。深圳因创新而生，探索了多个中国"第一"创新改革发展路径，从三产结构来看，第一产业比重非常小，目前也已经形成了文化产业、高新技术产业、物流业和金融业四大支柱产业，深圳的高新技术产业更是打造了"1+7+N"全域创新空间格局。苏州首次形成"三二一"产业结构是在2016年，虽然二产占比依然比较高，但苏州已经形成了独具特色的"电装生先"四大主导产业，分别是电子信息、装备制造、生物医药、先进材料，其中，2022年电子信息产业整体规模达12819.7亿元，已经成为全省、全国乃至全球重要的电子信息产业生产基地，集聚了规上企业1374家、上市企业72家。杭州在2009年实现了第三产业比重高于第二产业，更是抓住了信息时代的发展机遇，形成了"5+3"现代产业体系，包括五大支柱产业（文化产业、旅游休闲、金融服务、生命健康、高端装备制造）和三大先导产业（人工智能、云计算大数据、信息软件）。南京坚持把产业结构调整、发展壮大实体经济作

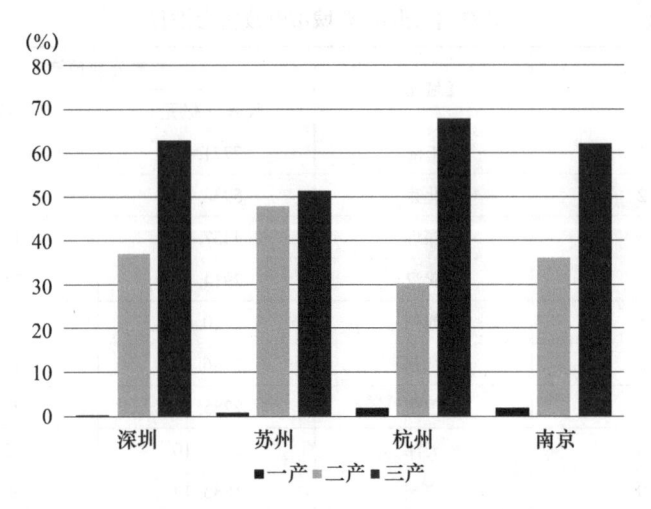

图5-2 深圳、苏州、杭州、南京产业结构（2021年）

为创新驱动发展的主攻方向，依靠产业链加快部署创新链，依靠科技创新推动产业向中高端水平攀升。

（二）科技创新投入情况

科教资源是科技创新的巨大支撑，从普通高等学校数量来看，南京拥有普通高等院校53所（不含部队院校），杭州是40所，苏州是26所，深圳是14所。高校在校生虽非直接的创新人才，却也是重要的人才储备，是潜在的创新人才。从2021年高校在校学生的数量来看，南京是77.85万人，杭州是58.5万人，苏州是27.51万人，深圳是14.52万人（见表5-3）。四个城市中，不论在高校数量还是在在校大学生数方面，南京的科技资源优势最为明显，截止到第二轮"双一流"高校名单公布，全国"双一流"高校中，北京占了34所，而上海有15所，南京有13所，排在了全国第三位。深圳的普通高校数量和在校学生数量最少，甚至低于国内其他经济较为发达的地区，但深圳也在不断探索，实现了高等教育从零开始的加速创新。从1983年深圳大学开始，2012年4月，教育部正式批准建立南方科技大学，近年来，深圳加快集聚国内外优质资源，相继引入香港中文大学、清华大学、中国科学院大学、北京理工大学、哈尔滨工业大学、中山大学等一大批"985"和"211"高校到深圳设立校区或国际学校，深圳一直在弥补高校缺乏的短板，经过多年的努力，甚至已经形成了全球顶尖高校集聚的新高地。从研发投入来看，2021年，深圳全社会研发投入达到1682.15亿元，占GDP比重提高到5.49%，仅低于北京（6.53%），高于上海（4.21%），居全国领先水平，比肩发达经济体。苏州R&D经费投入强度为3.8%，排在第四位，南京为3.54%，从四个城市来看，投入相对较低。

表5-3　　　　　　　　四大城市教育资源分布情况（2021年）

地区	苏州	南京	深圳	杭州
普通高等学校数量（所）	26	53	14	40
在校学生数（万人）	27.51	77.85	14.52	58.50

资料来源：各城市2021年国民经济和社会发展统计公报。

(三) 科技创新产出情况

1. 创新型企业比较

2022年《财富》世界500强名单显示，中国有145家企业上榜，其中，北京有54家，稳居全球第一，相当于东京（36家）与纽约（18家）之和；上海有12家企业上榜，其中包括上汽集团、绿地集团、中国太保、浦发银行、上海建工和上海医药6家国有企业；深圳有10家企业上榜，主要以科技型企业为主，包括平安保险（25位）、正威国际（76位）、华为（96位）、腾讯（121位）、招商银行（174位）、万科（178位）、中国电子（324位）、深圳市投资（372位）、比亚迪（436位）、顺丰（441位）。杭州有8家企业上榜，较2021年增加了1家，除了阿里前进到55位，还有荣盛控股（180位）、吉利控股（229位）等制造企业。苏州有3家企业，包括恒力（75位）、盛虹（241位）等企业。南京的企业为零，2021年还有苏宁易购1家上榜，排名第328位。

早在2011年，上海就率先启动实施专精特新中小企业培育工程，截止到第三批国家级专精特新"小巨人"公布的4726家企业名单中，上海共有262家专精特新"小巨人"企业，北京拥有257家，位列全国第二，深圳170家，成都107家，广州70家，杭州53家，苏州49家，南京只有44家。从代表创新经济发展的独角兽企业看，南京的孕育情况并不乐观。根据长城战略咨询发布的《中国独角兽企业研究报告》，2021年中国独角兽企业共有316家，北京最多，有82家，其次是上海，有60家，深圳有26家，杭州有22家，南京和苏州都相对较少，分别是14家和9家。另外，上市公司数量是城市经济发展的重要表征指标。从2022年全国主要城市上市公司情况看，深圳的上市公司数量仅次于北京、上海，排名第三，为405家。可以说，深圳形成了非常明显的以企业为主体的自主创新体系。杭州和苏州的上市公司数量均在200家左右，分别为215家和198家。相对来说，南京的上市公司数最少，刚刚过百，仅为118家（见图5-3）。

2. 知识产权产出情况

从知识产权产出看，深圳不论数量还是质量均居全国前列。2021年，深圳国内专利授权量是279177件，居北上广深首位。每万人口发

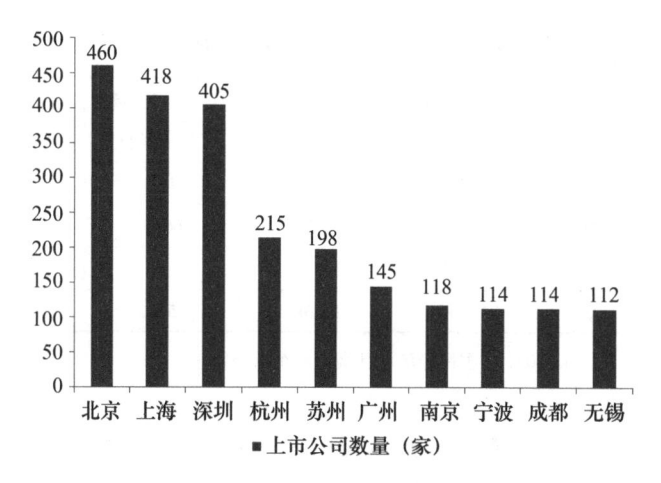

图 5-3　A 股上市公司数量比较

明专利拥有量达 112 件,约为全国平均水平(19.63 件)的 5.7 倍。苏州专利成果质量高于杭州和南京,排名第二。2021 年,苏州专利授权量达 185133 件,同比增长 33.32%,其中发明专利授权 14677 件,同比增长 48.12%,2021 年每万人发明专利拥有量 66.9 件。《2020 年中国县域知识产权竞争力百强报告》中,昆山市、张家港市、太仓市、常熟市荣登 2020 年中国县域知识产权竞争力排行榜前十强,展现出苏州强大的创新实力。2021 年,杭州专利授权量 123000 件,增长 13.6%,其中发明专利授权量 23000 件,增长 32.4%。2021 年,南京专利授权量 91964 件,比上年增长 20.5%,其中发明专利授权 21568 件、增长 44.8%,万人发明专利拥有量达 95.42 件。从 PCT 国际专利申请量来看,深圳更是遥遥领先,2021 年,PCT 国际专利申请量 17443 件,约占全国申请总量(68338 件)的 25.52%(不含国外企业和个人在中国的申请),连续 18 年居全国大中城市第一,其中华为的 PCT 专利申请量连续五年位居全球第一。而苏州和杭州分别是 3121 件和 2062 件,南京仅有 869 件(见表 5-4)。

3. 高新技术产业发展

高新技术产业是支撑现代产业体系建设的重要基础。从高新技术企业数量来看,深圳大幅领先,2021 年,高新技术企业数量已有 21335 家,比 2016 年(8037 家)翻了近 3 倍,总数仅次于北京,位居全国第

表 5-4　　　　　2021 年四大城市知识产权产出比较

名次	城市	专利授权量（件）	发明专利授权量（件）	万人发明专利拥有量（件）	PCT 国际专利申请量（件）
1	深圳	279177	45202	112	17443
2	苏州	185133	14677	66.9	3121
3	杭州	123000	23000	—	2062
4	南京	91964	21568	95.42	869

资料来源：各城市 2021 年国民经济和社会发展统计公报。

二。苏州高新技术企业数量为 11165 家，杭州拥有高新技术企业 10222 家，是全国第 6 个国家高新技术企业"破万"的城市，而南京相对最少，仅为 7801 家（见图 5-4）。

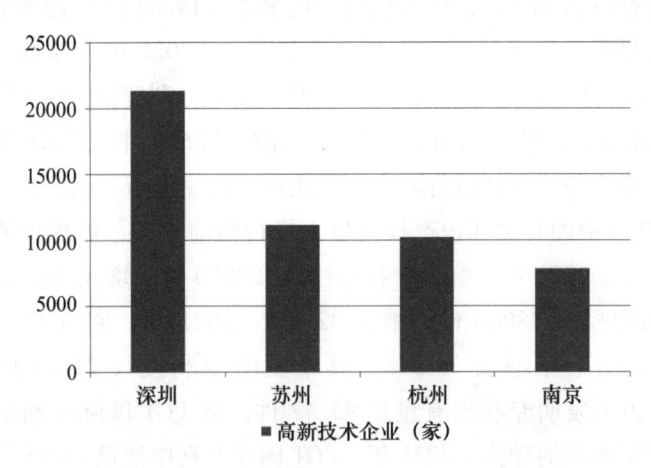

图 5-4　2021 年四大城市高新技术企业数量

二　科技创新投入产出绩效比较分析

（一）模型选择

数据包络分析（Data Envelopment Analysis，DEA）多用于评价具有多投入和多产出决策单元的资源配置效率，评价结果相对客观，正好适合于科技创新资源配置这样一个多投入、多产出的复杂系统。本部分采用了 BC2 模型和 Malmquist 指数模型，从横向和纵向两个方面对四个城市科技创新的投入产出效率进行系统研究。

1. BC2 模型

用来计算决策单元之间的技术相对有效性，主要表征指标有综合技术效率（crste）、纯技术效率（vrste）、规模效率（scale）和规模收益。

其中，综合技术效率，即不考虑规模收益时的技术效率；纯技术效率，即考虑规模收益时的技术效率；规模效率，即考虑规模收益时的规模效率。综合技术效率 = 1，表示科技创新主体达到技术有效，科技产出相对于投入达到最大化；综合技术效率 < 1，表示该科技创新主体未达到技术有效，相对于科技投入来说，科技产出相对不足，或者说科技投入较之产出存在冗余。

规模效率值 = 综合效率/纯技术效率，规模效率越接近于 1，表明决策单元的规模大小越合适。规模效率值 = 1，说明科技投入较之产出刚好，即该科技创新主体达到了规模有效。如果规模效率值 < 1，说明科技活动的投入较之于产出效果不佳，即科技活动正处于规模报酬递减或者递增的不平衡状态，提高创新效率还需要调整科技创新投入。

2. Malmquist 指数模型

Malmquist 全要素生产力指数用来测算决策单元科技创新能力的全要素生产率，主要指距离函数测度的比率，即在不同时期决策单元全要素生产率所形成的变化规律。从结果来看，全要素变化率各分量 > 1，表明城市科技创新能力处于正向变化，反之则处于反向变化。

Malmquist 指数模型考虑了时间变化的影响，将生产率变化分解为技术进步、规模效率和纯技术效率变化的共同作用。其中，全要素生产率（Tfp）可分解为技术进步变动（Tech）和技术效率变动（Effch）的乘积，而技术效率变动（Effch）还能进一步分解为纯技术效率变动（Pech）和规模效率变动（Sech）的乘积。在本研究中，技术进步变动（Tech）主要取决于前沿技术和基础研究；技术效率变动（Effch）来源于创新资源的组织能力提高。

（二）指标构建和数据来源

1. 指标体系构建

从投入产出角度评价南京、苏州、杭州和深圳四个城市的科技创新活动效率，需要构建包括投入变量和产出变量的指标体系。基于城市科技创新效率的内在含义，科技创新资源一般包括人力、资金、技术及设备、科技成果、信息、科技组织等要素。在研究城市科技创新投入产出效率时，主要选择影响科技创新的核心资源要素，构建了包括3个投入变量和2个产出变量的指标评价体系。

（1）投入变量方面，科技创新资源的投入一般从人才、资金、平台载体等方面考虑。创新人才投入方面，选择各类专业技术人员的数量；创新资金投入方面，选择全社会R&D经费支出占GDP比重；在创新载体方面，选择每千万人国家级科技企业孵化器的数量。

（2）产出变量方面，城市科技创新主要产出变量包括专利、论文、著作、高新技术企业及其产值规模、新产品数量等。基于数据的可获得性，从技术进步成果和科技应用创新成果两方面，选取每万人专利授权量、高技术产业产值占规上工业总产值比重作为产出指标，具体指标见表5-5。

表5-5　　　　　　　　科技创新比较指标体系

系统层	要素层	单位	指标变量
投入指标	各类专业技术人员	万人	X1
	全社会R&D经费支出占GDP比重	%	X2
	每千万人国家级孵化器数量	个	X3
产出指标	每万人专利授权量	件	Y1
	高技术产业产值占规上工业总产值比重	%	Y2

2. 对象选择和数据来源

为了全面比较分析四个城市科技创新投入产出效率，横向分析中，除了南京、苏州、杭州、深圳4个城市外，还增加了北京、上海、广州、天津4个城市作为决策单元，使用BC2模型分析了8个城市科技创新投入产出的技术效率。纵向方面，基于Malmquist全要素生产力指数，分析了4个城市2010年以来全要素生产率（TFP）的动态变动情况。

数据来源主要是相关城市2010—2016年的统计年鉴、统计公报、历年南京科技统计数据、深圳科技统计数据、2010—2016年度科技部公布的《国家级科技企业孵化器名单》等。

(三) 城市科技创新投入产出效率比较分析

在一定的投入组合下,以实际产出与最大产出之比来估算,目标是追求更多的创新产出。因此,在实际操作中,按照规模报酬可变假设,以产出为导向,分析了南京、苏州、杭州、深圳、北京、上海、广州、天津8个城市科技创新的投入产出情况(见表5-6),根据BC2模型可以得到综合技术效率、纯技术效率和规模效率结果。

表5-6　　　　不同城市科技创新投入产出效率评价结果

城市	综合技术效率 (crste)	纯技术效率 (vrste)	规模效率 (scale)	规模收益
南京	0.741	0.799	0.928	递增
苏州	1.000	1.000	1.000	不变
杭州	0.821	0.870	0.944	递增
深圳	1.000	1.000	1.000	不变
北京	1.000	1.000	1.000	不变
上海	0.565	0.581	0.972	递增
广州	0.989	1.000	0.989	递增
天津	1.000	1.000	1.000	不变

1. 综合技术效率分析

从综合技术效率分析来看,深圳、北京、苏州、天津投入产出效率较高,南京未达到DEA有效,排名倒数第二。根据DEA理论,综合技术效率的最优值达到1,即为DEA有效。通过分析发现,深圳、苏州、北京、天津的综合技术效率都达到了1,说明这4个地区科技创新的投入产出效率较之其他地区优势明显,不仅技术有效,也实现了规模有效。南京、杭州、上海和广州的综合技术效率值分别是0.741、0.821、0.565、0.989,均小于1,说明均没有达到DEA有效,科技创新投入产出效率还有待提高。就南京而言,一方面,科技创新产出较之于投入有一定的相对滞后性;另一方面,也客观反映出南京投入的科技创新资源没有实现合理配置,资源的利用效率不高等问题。

2. 纯技术效率分析

从纯技术效率来看，仅有南京、杭州和上海未达标，南京仍排名倒数第二。深圳、苏州、北京、广州和天津的纯技术效率等于1，表明该地区科技创新的投入纯技术效率有效。南京、杭州和上海的纯技术效率分别是0.799、0.870、0.581，均为无效状态，说明这三个地区创新投入配置的合理性有待提高。

3. 规模效率比较分析

从规模效率比较来看，8个城市整体较好，虽然南京、杭州、上海和广州不达标，但均处于规模收益递增状态。苏州、深圳、北京、天津规模效率值为1，说明其处于规模效益不变的状态，最佳规模收益阶段，即规模有效。南京、杭州、上海、广州规模效率值分别为0.928、0.944、0.972、0.989，小于1，但这4个城市均处于规模收益递增状态，这说明增加科技创新资源投入变量有助于提高总体投入产出效率，如稍微增加投入规模，科学合理配置资源投入方向，就能实现规模收益的最佳状态。

4. 投入冗余分析

投入冗余是为了进一步分析科技创新投入产出效率低效的原因。从投入冗余方面来看，没有城市的科技创新投入表现出冗余情况，但南京与其他城市相比还存在一定的不足。南京科技创新投入的不足表现为科技创新的载体建设情况，其国家级科技企业孵化器数量的冗余量为－5.670，载体建设明显不足（见表5-7）。杭州的投入不足表现为科技创新人才的相对欠缺，专业技术人员变量的冗余量为负值。从产出不足表来看，南京技术进步和应用创新的成果均存在松弛变量，上海也表现出了相同的问题，不仅要提高核心技术的研发，更要促进科技创新资源转化为更多的科技创新成果（见表5-8）。

表5-7　　　　　　　　　　科技创新投入冗余表

城市（DMU）	S1 -	S2 -	S3 -
南京	0	0	－5.670
苏州	0	0	0
杭州	－6.250	0	0

续表

城市（DMU）	S1 -	S2 -	S3 -
深圳	0	0	0
北京	0	0	0
上海	0	0	0
广州	0	0	0
天津	0	0	0

表5-8　　　　　　　科技创新投入产出不足表

城市（DMU）	S1 +	S2 +
南京	8.808	11.403
苏州	0	0
杭州	0	0
深圳	0	0
北京	0	0
上海	19.458	15.322
广州	0	0
天津	0	0

（四）城市科技创新投入产出效率变化情况

利用 Malmquist 全要素生产力指数方法，比较分析了四个城市 2010—2016 年科技创新能力的全要素生产率动态变化情况，并就其中的原因进行了分析，从而更为深入地了解制约城市科技创新效率提升的影响因素。

1. 总体情况

如表 5-9 所示，总的来说，南京和深圳的科技创新发展处于逐步提升阶段，苏州和杭州则有所下降。2010—2016 年，南京和深圳的全要素生产率分别为 1.003 和 1.045，七年间，南京科技创新的全要素生产率提升了 0.3%，深圳科技创新全要素生产率提升了 4.5%。究其原因，技术进步是南京科技创新全要素生产率提升的主要原因，技术效率和规模效率相对不足。而技术进步和技术效率同时促进了深圳市科技创新全要素生产率的提升，即技术进步和组织管理效率提升是深圳科技创新全要素生产率提升的主要原因。而苏州和杭州的科技创新全要素生产率分别下降了 3.9% 和 3.8%，主要是由技术效率下降导致的。

表 5 - 9　　2010—2016 年四个城市科技创新效率指数综合情况

城市	Effch（技术效率）	Techch（技术进步）	Pech（纯技术效率）	Sech（规模效率）	Tfpch（总效率）
南京	0.973	1.031	1.000	0.973	1.003
苏州	0.961	1.000	1.000	0.961	0.961
杭州	0.962	1.000	1.000	0.962	0.962
深圳	1.007	1.038	1.000	1.000	1.045

2. 不同城市情况分析

南京科技创新全要素生产效率处于波动上升状态，且较不稳定。从时间尺度来看（见图 5 - 5），2010 年以来，南京科技创新全要素效率总体处于上升趋势，尤其是 2012—2015 年间，上升趋势最为明显，2014—2015 上升幅度达到 6.8%。具体来看，七年间，技术进步和技术效率的波动都极其不稳定，全要素生产率的变化不仅表现为技术进步或退步，还受到技术管理效率的影响（见表 5 - 10）。具体来看，七年间，纯技术效率变化不大，引起技术效率变化的主要是规模效率的变化。因此，南京提高科技创新投入产出效率的主要途径不仅要注重科技研发能力的提高，同时要提升创新资源的管理效率。一方面，要在关键领域、

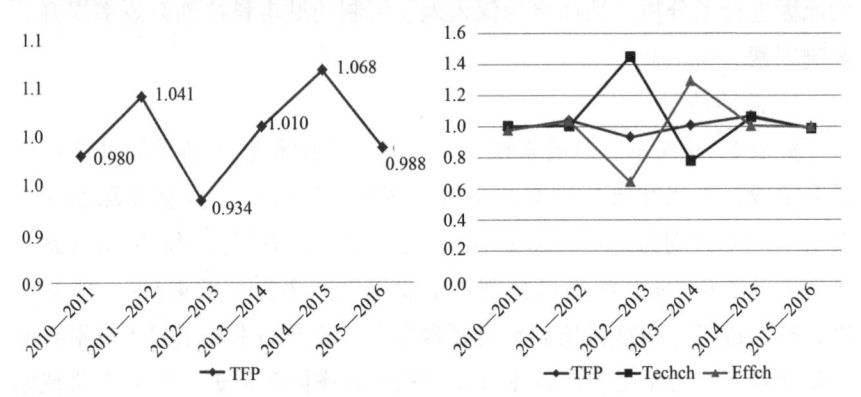

图 5 - 5　南京科技创新全要素生产效率变化

核心技术上实现自主创新上的攻坚突破，同时，加快产学研合作与科技成果转化，促进新经济、新产业发展；另一方面，不断完善政府管理和服务创新，实现高端人才、知识、技术、资本等各类创新要素的优化配置，提升创新资源的利用效率。

表 5-10　2010—2016 年南京创新要素效率指数综合情况

南京	Effch（技术效率）	Techch（技术进步）	Pech（纯技术效率）	Sech（规模效率）	Tfpch（总效率）
2010—2011	0.978	1.003	0.978	0.980	0.978
2011—2012	1.035	1.006	1.000	1.035	1.041
2012—2013	0.644	1.450	1.000	0.644	0.934
2013—2014	1.293	0.781	1.000	1.293	1.010
2015—2016	1.005	1.063	1.000	1.005	1.068
2016—2017	0.999	0.989	1.000	0.999	0.988

如图 5-6 和表 5-11 所示，苏州的科技创新全要素生产效率整体处于下降趋势。尤其是 2012—2014 年间一直处于下滑状态，下降最为明显的 2013—2014 年，下降幅度达到 33.1%，2014—2015 出现了上升，2015—2016 年全市的科技创新全要素效率再次出现下降趋势，源于技术进步的下滑，因此，加快技术进步，实现技术突破，增加科技成

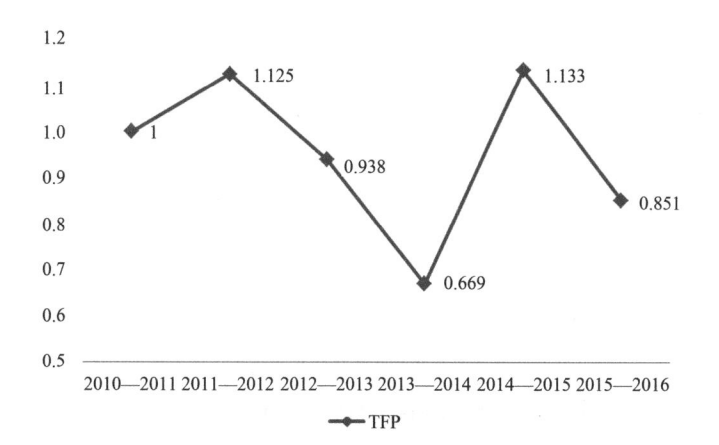

图 5-6　苏州科技创新全要素生产效率变化

果数量是苏州提升科技创新效率的重点。

表5-11　苏州2010—2016年创新要素效率指数综合情况

苏州	Effch（技术效率）	Techch（技术进步）	Pech（纯技术效率）	Sech（规模效率）	Tfpch（总效率）
2010—2011	1.000	1.159	1.000	1.159	1.000
2011—2012	1.000	1.125	1.000	1.000	1.125
2012—2013	1.000	0.938	1.000	1.000	0.938
2013—2014	1.000	0.669	1.000	1.000	0.669
2015—2016	1.000	1.133	1.000	1.000	1.133
2016—2017	1.000	0.851	1.000	1.000	0.851

杭州的科技创新全要素生产效率整体略有下降，且波动也较大。尤其是2014年以来波动最为明显，在前面几年连年下降的情况下，2014—2015年上升了30.6%，科技创新资源的投入效果显现，但2015—2016年表现出了不稳定。总体来看，总效率的波动受技术进步和规模效率的影响比较明显，因此，杭州创新发展重点应该是提高科技创新资源的科学管理效率（如图5-7和表5-12所示）。

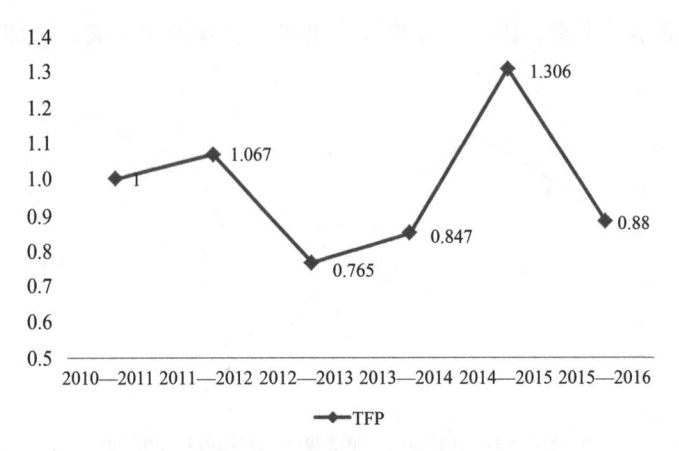

图5-7　杭州科技创新全要素生产效率变化

表 5-12　　杭州 2010—2016 年创新要素效率指数综合情况

杭州	Effch（技术效率）	Techch（技术进步）	Pech（纯技术效率）	Sech（规模效率）	Tfpch（总效率）
2010—2011	1.000	0.999	1.000	0.999	1.000
2011—2012	1.000	1.067	1.000	1.000	1.067
2012—2013	0.860	0.891	1.000	0.860	0.765
2013—2014	1.163	0.728	1.000	1.163	0.847
2015—2016	1.000	1.306	1.000	1.000	1.306
2016—2017	1.000	0.880	1.000	1.000	0.880

深圳科技创新全要素效率波动性较小，一直较为稳定。近年一直在 1 左右徘徊，无论是技术进步还是技术效率，在四个城市中都是较高的。但就深圳自身发展来看，其科技创新投入的效率是波动递减的，其技术研发能力还有进一步上升的空间（如图 5-8 和表 5-13 所示）。

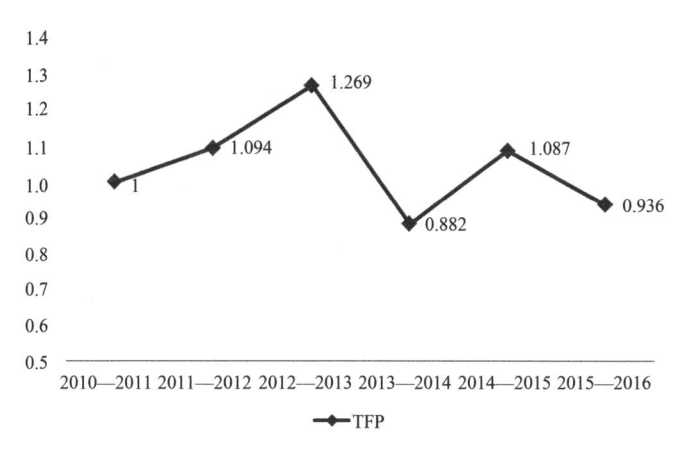

图 5-8　深圳科技创新全要素生产效率变化

表 5-13　　深圳 2010—2016 年创新要素效率指数综合情况

深圳	Effch（技术效率）	Techch（技术进步）	Pech（纯技术效率）	Sech（规模效率）	Tfpch（总效率）
2010—2011	1.000	1.003	1.000	1.003	1.000
2011—2012	1.000	1.094	1.000	1.000	1.094

续表

深圳	Effch (技术效率)	Techch (技术进步)	Pech (纯技术效率)	Sech (规模效率)	Tfpch (总效率)
2012—2013	1.000	1.269	1.000	1.000	1.269
2013—2014	1.000	0.882	1.000	1.000	0.882
2015—2016	1.000	1.087	1.000	1.000	1.087
2016—2017	1.000	0.936	1.000	1.000	0.936

第六章

南京引领性国家创新型城市建设路径

南京坚持把创新摆在经济社会发展全局的核心位置，深入实施创新驱动发展战略，重大科研成果不断涌现，产业科技创新能力显著提升，科技创新成为驱动全市经济社会高质量发展的核心动力。2021年6月，科技部复函支持南京建设引领性国家创新型城市，2022年2月，省政府正式函请科技部支持南京创建区域科技创新中心，2023年3月，省委省政府专门印发《关于支持南京创建区域科技创新中心推动高质量发展的意见》，进一步明确了南京创建区域科技创新中心的具体路径和举措。南京坚持走求实扎实的创新道路，加快集聚战略科技力量、加快培育科技创新主体、不断深化科技体制机制改革、扩大开放创新合作，为全市打造具有全球影响力的产业科技创新中心主承载区夯实科技支撑。根据科技部和中国科学技术信息研究所发布的《国家创新型城市创新能力监测报告2022》和《国家创新型城市创新能力评价报告2022》显示，南京在国家创新型城市的创新能力评价中，仅次于深圳，城市创新能力荣升为全国第二，尤其是万名就业人员中的研发人员、万人发明专利拥有量、人均地区生产总值、国家级科技成果奖数等指标均排在了全国前三。

第一节 南京建设国家创新型城市的能级评价

一 全球创新网络下的南京创新情况

世界知识产权组织自2007年起发布"全球创新指数"，已成为国际上关于创新和知识产权水平的权威报告,其中,"最佳科技集群"排名以PCT国际专利申请量和科学出版物数量两个关键数据为依据,是全球创新绩效的重要参考。根据世界知识产权组织发布的《2021年全球创新指数报告》显示,在全球"最佳科技集群"排名中,南京位列全球第18位,居深圳—香港—广州(第2位)、北京(第3位)、上海(第8位)之后,位列全国第四。2017—2023年,南京排名从全球第94位、第27位、第25位、第21位、第18位、第13位,上升至第11位,实现"六连跳",有效彰显了南京创新型城市建设的显著成就。

从历年2thinknow"全球创新城市指数"的排名来看,2015年以前南京的创新层级上升比较明显,2014年从节点城市升级为枢纽城市,尽管2015年的得分略有下降,但排名仍然上升了6个名次并且保持在了枢纽城市的行列,然而,在2016—2017年,南京得分上升至44分,但排名下落至223名,再次降级为第三层级节点城市,现阶段基本稳定在节点城市队列,2018年和2019年均保持在了200多名,分别是241名和269名,但2021年,城市名次上升明显,进入200强行列,城市名次到了182名(见图6-1)。

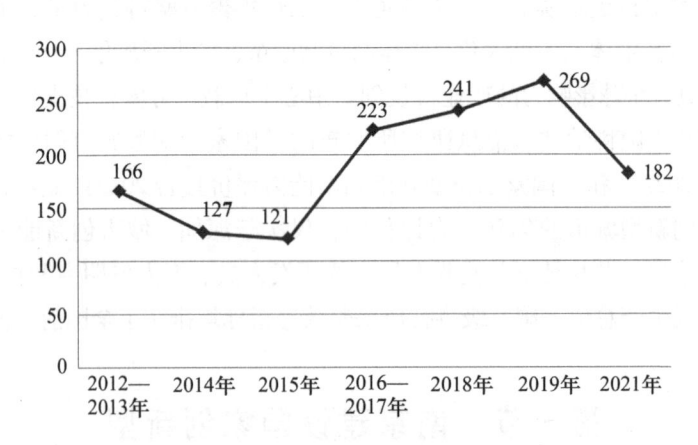

图6-1 南京在2012—2021年"全球创新城市指数"中排名情况

由《自然》增刊定期发布的"自然指数—科研城市",通过追踪发表在82种有影响力的自然科学期刊上的科研论文,以期反映全球高质量科研产出及合作情况。北京自2016年超过纽约都市圈以来,一直处于榜首位置。根据《2022自然指数—科研城市》对2021年各城市的论文数及其在所在地区总贡献份额的评价结果,南京跻身全球排名前十,位列第8位。与2015年相比,上升了11位(见表6-1)。

表6-1 《2022自然指数—科研城市》中国科研城市前五强

序号	城市	排名	论文数	占地区贡献份额比重/%
1	北京	1	7167	19.6
2	上海	3	3978	10.9
3	南京	8	2396	6.7
4	广州	10	2146	5.4
5	武汉	11	1767	5.1

二 长三角一体化下的南京创新能级

(一)城市能级评价的内涵与模型构建

1. 评价指标体系设定

基于城市能级提升的目标导向和对城市能级内涵的把握,构建区域一体化背景下城市能级评价指标体系,该评价体系由5个一级指标、10个二级指标和20个三级指标构成(见表6-2),具体指标如下:

一是城市经济功能。主要体现为城市的综合经济实力、高端经济要素集聚、现代产业体系建设等。高能级的城市都具备高密度的高端经济要素集聚特征,是高等级城市发挥资源配置能力的基础支撑。现代产业体系主要体现为高技术含量、高附加值和高效率的现代产业体系。本部分从区域增长能力和控制影响能力两个方面,选取人均GDP、服务业占GDP比重、500强企业总部数量和独角兽企业数量4个指标。

二是科技创新功能。主要体现在创新资源要素高度集聚、持续的基础创新能力和产业转化能力。在全球城市网络中层级较高的城市都具备较强的创新能力,在全球创新网络中发挥重要作用,引领全球产业创新发展。从原始创新能力和科技转化能力两个方面,选取研发投入占GDP比重、普通高校在校大学生、国家级高新技术企业数量、每万人专利授权数量4个指标。

三是信息枢纽功能。主要体现为城市在区域要素流通中所发挥的作用和功能，通过人流、信息流、资金流和货物流的集聚实现经济效益提升，包括硬件的枢纽设施建设，以及现代化的网络设施建设水平。从信息流通能力和枢纽转换能力两个方面，选取人均移动电话年末用户数、人均互联网用户数、旅客运输周转量、货物运输周转量4个指标。

四是城市开放功能。主要体现为国际贸易和国际交流能力。城市深度融入全球化的能力与水平，是城市拓展国际市场、获取国际资源要素、提升国际知名度与影响力的重要支撑条件。从跨境交易能力和文化交流能力两个方面，选取实际利用外资占GDP比重、进出口贸易、国际友好城市数量、年入境旅游人数4个指标。

五是公共服务功能。主要体现为文化、教育、医疗等不同社会服务的供给能力。城市公共服务能力是吸引城市发展所需要的各类高端要素的重要影响因素，要推进能够满足不同层次需要的医疗、教育、文体设施建设，加快培育成熟的、与国际接轨的医疗服务、教育服务和文体设施的建设。从生活消费能力和生活服务能力两个方面，选取城市居民人均实际可支配收入，人均储蓄存款余额，人均卫生技术人员数量，文化、教育、体育与娱乐业单位从业人员4个指标。

表6-2　　　　　　　　城市能级评价指标体系构建

一级指标	二级指标	三级指标
城市经济功能	区域增长能力	人均GDP 服务业占GDP比重
城市经济功能	控制影响能力	500强企业总部数量 独角兽企业数量
科技创新功能	原始创新能力	研发投入占GDP比重 普通高校在校大学生
科技创新功能	科技转化能力	国家级高新技术企业数量 每万人专利授权数量
信息枢纽功能	信息流通能力	人均移动电话年末用户数 人均互联网用户数
信息枢纽功能	枢纽转换能力	旅客运输周转量 货物运输周转量

续表

一级指标	二级指标	三级指标
城市开放功能	跨境交易能力	实际利用外资占 GDP 比重 进出口贸易
	文化交流能力	国际友好城市数量 年入境旅游人数
公共服务功能	生活消费能力	城市居民人均实际可支配收入 人均储蓄存款余额
	生活服务能力	人均卫生技术人员数量 文化、教育、体育与娱乐业单位从业人员占比

2. 样本城市选择

不同的区域范围对于城市能级的目标定位不同，本部分主要从国家范围、长三角区域、江苏省内区域和南京都市圈区域四个维度进行对标分析，从不同的区域范围系统分析南京作为长三角区域中心城市的城市定位和城市能级影响力。从国家范围来看，国家中心城市是中国城镇体系规划的最高层级，2010 年 2 月，住房和城乡建设部发布的《全国城镇体系规划（2010—2020 年）》明确提出五大国家中心城市，包括北京、天津、上海、广州和重庆，随后增加了成都、武汉、郑州和西安，总共确立了 9 个国家中心城市。从长三角范围来看，系统分析长三角区域中心城市——上海、杭州、南京、合肥的主要指标，寻找城市坐标和定位。

同时针对南京城市能级提升，从江苏省范围和南京都市圈层面进行分析。从江苏省范围来看，不断完善南京的城市综合功能，提升城市首位度，对于提高南京在全省的引领带动作用和促进江苏省高质量发展有十分重要的意义。从南京都市圈范围来看，如何发挥南京的龙头作用，实现南京都市圈城市之间交通、医疗、教育、创新等一体化发展，打造国家级现代化都市圈，建设长三角高质量发展合作示范区，南京也将大有可为。

3. 测度方法与数据来源

在城市能级的测度中，需要对所有指标数据进行无量纲化处理，指标的权重确定采用熵权法这种客观赋权方法，由此得到每个城市的综合得分，分不同层级对城市能级进行评价。

本研究数据主要来源于不同城市2018年《国民经济和社会发展统计公报》和《知识产权保护状况白皮书》等部门统计数据、不同城市2019年城市统计年鉴和所在省份统计年鉴，以及《中国城市统计年鉴》和《中国统计年鉴》等数据。对于2018年数据缺失的，以2017年数据进行弥补。

（二）城市能级的测度与评价

1. 国家层面的城市能级

从国家层面来看，北上广深排在了第一序列，均属于在全国有重要影响力的城市，城市辐射范围遍布全国，在全国城市体系中具有较高能级。具体来看（见图6-2、图6-3），北京作为首都，属于全国性的高能级城市，其经济功能和服务功能优势最为突出，经济功能方面包括三产占比、500强企业总部数量、独角兽企业数量，以及服务功能方面的卫生技术人员占比和文化、教育、体育与娱乐业单位从业人员占比，均表现出了遥遥领先的优势。上海作为长三角一体化的龙头城市，各方面优势相对均衡，尤其是城市开放功能、信息枢纽功能和城市服务功能方面，开放型经济发展的指标方面包括进出口总额和实际利用外资占比都比较高，文化开放方面国际友好城市数量也比较高，城市服务方面全体居民人均实际可支配收入和金融机构本外币各项存款余额都是第一，居民消费和金融支撑方面的作用突出。广州作为国家中心城市和粤港澳大湾区建设的综合性门户城市，最为突出的功能表现为信息枢纽功能和城市经济功能，信息枢纽功能方面信息流通能力和枢纽转换能力相对都比较强，而城市经济功能方面，表现出区域增长能力强，控制影响能力弱，即经济体量和经济结构优势比较突出，而独角兽企业和500强企业总部的数量相对比较欠缺。深圳作为全国的创新高地，不仅具有坚实的经济基础，而且充分利用体制机制灵活、市场化程度高等优势，集聚了众多的创新要素，科技创新和产业产品创新方面走在全国前列。在城市经济功能、创新功能和开放功能方面都表现出了绝对的优势。

南京及其他城市基本属于第二梯队，属于在区域范围内有重要影响力的城市，城市辐射范围虽然相对有限，但在区域中影响较大，属于不

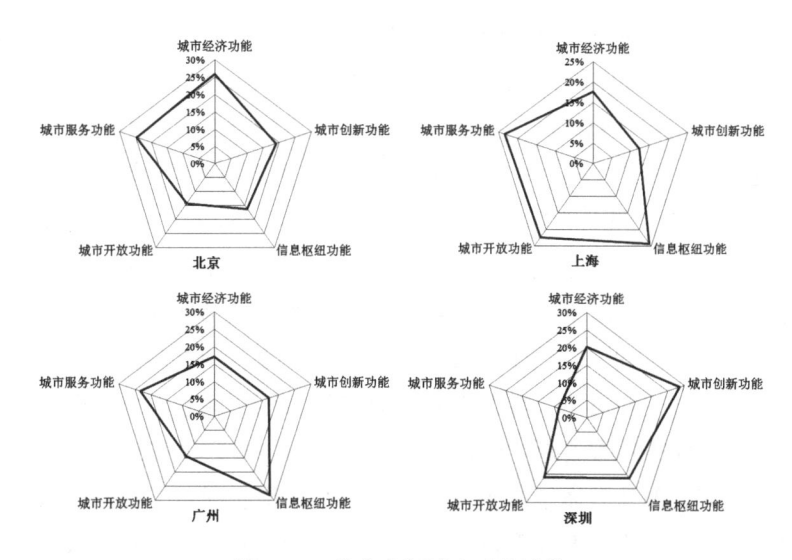

第六章　南京引领性国家创新型城市建设路径　145

图 6-2　北上广深城市功能比较

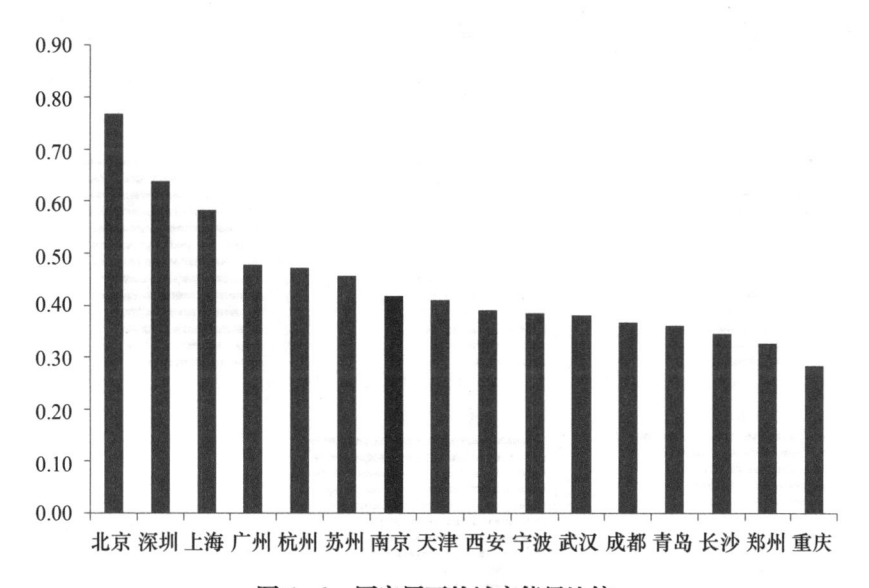

图 6-3　国家层面的城市能级比较

同区域范围内能级较高的城市（见图 6-4）。其中，天津、重庆、成都、武汉、郑州、西安六个城市均是国家中心城市，2018 年，除了西安，其他五市均成为 GDP 过万亿城市俱乐部一员。同时，苏州、杭州、宁波、青岛、长沙也都是 GDP 过万亿城市重要成员。南京在城市创新功能、城市经济功能和综合服务功能方面的优势明显，均排在了前两位，城市开放功能增长空间还比较大（见图 6-4）。从具体指标来看，城市经济功能方面，南京人均 GDP 指标低于苏州，三产占比指标低于杭州，500 强企业总部数量和独角兽企业数量方面较之于杭州也表现出明显的不足。城市创新功能方面，南京在大学生数量方面的优势最为明显，仅仅低于西安；创新投入方面，较之于武汉、杭州还有一定差距；高新技术企业数量也比不过苏州和天津；每万人专利授权量方面，南京较之于苏州、杭州、宁波等城市也有差距。综合服务功能方面，南京消费水平和医疗卫生基础较好，但从具体指标来看，全体居民人均实际可支配收入低于苏州和杭州；金融机构本外币各项存款余额低于杭州、成都和重庆；卫生技术人员占比低于杭州、郑州、西安和成都；文化、教育、体育与娱乐业单位从业人员占比低于武汉、成都和长沙。信息枢纽建设方面，南京的信息基础设施建设水平相对较高，人均互联网用户数排名第一；但人均移动电话用户数低于苏州、杭州、武汉、成都、长沙等城市；旅客和

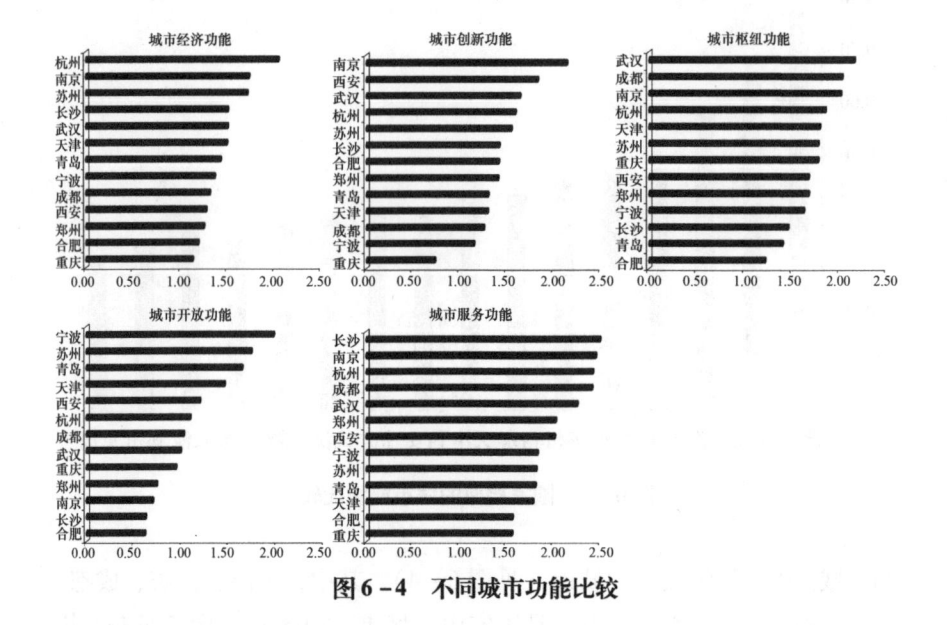

图 6-4 不同城市功能比较

货物周转量也低于天津、武汉、重庆、成都、宁波等城市。城市开放功能是南京的弱项,无论是开放型经济建设、文化旅游交流水平方面还有很大的提升空间。

2. 长三角城市群中的城市能级

具体来看南京、杭州和合肥三市的发展指标,城市开放功能是三个城市共同的短板(见图6-5)。南京在经济功能、服务功能、创新功能和信息枢纽功能方面相对比较均衡,杭州的经济功能和服务功能相对较强,创新功能和信息枢纽功能相对偏弱;而合肥在经济功能方面的短板更为突出。具体指标来看,南京的优势在于经济体量,在校大学生数量、文化、教育、体育与娱乐业单位从业人员占比等指标,而企业发展、三产占比情况、每万人专利授权量情况、金融服务支持、医疗卫生人员数量等方面,杭州均优于南京。虽然从目前的指标来看,合肥的各项指标还不理想,但从未来发展态势分析,合肥不仅与上海、北京同为

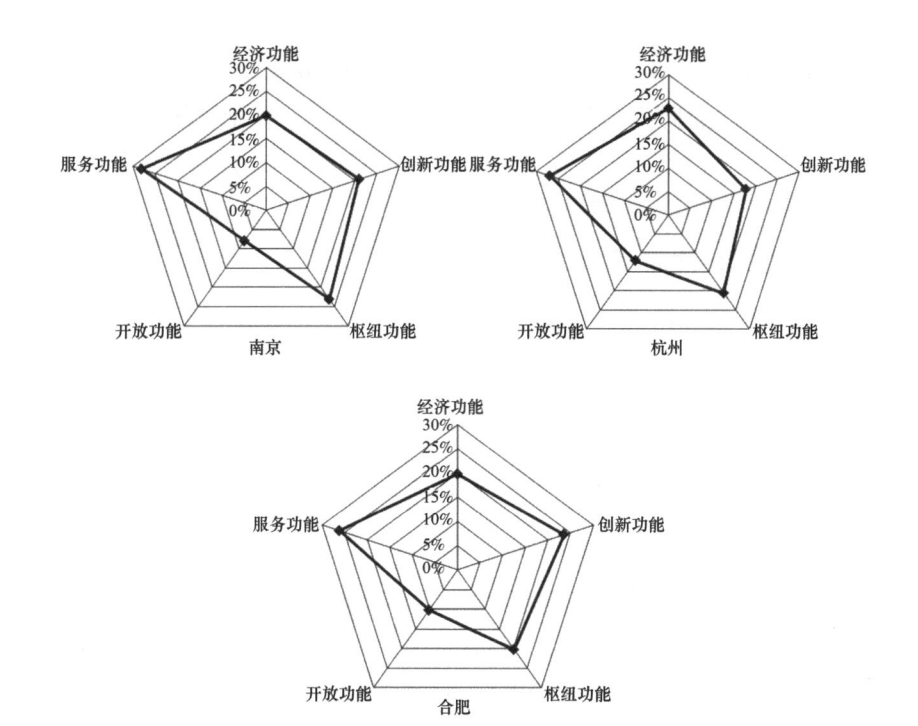

图6-5 长三角内部城市功能比较

综合性国家科学中心，与武汉、郑州等同为全国性综合交通枢纽城市，战略地位持续提升，发展潜力和后劲不容忽视。

3. 江苏省内的城市能级

从江苏省内几个主要城市的比较来看（见图6-6），南京在创新功能、枢纽功能和服务功能的首位度优势不断凸显，但开放功能和信息枢纽功能的首位度水平还有待提高，尤其是开放功能方面，明显低于苏州。从具体指标来看，南京的人均GDP水平、500强企业总部数量、每万人专利授权量、进出口总额、实际利用外资占GDP比重等指标均低于苏州和无锡，高新技术企业数量、年入境旅游人数、人均可支配收入等指标远远低于苏州。近年来，杭州、西安、合肥、武汉、成都等城市纷纷实施"省会战略"，不断提升区域发展水平。整体来看，南京作为省会城市较好地发挥了政治中心作用，但经济上的支撑带动作用不够强，中心地位有待强化，经济首位度明显偏低。如图6-7所示，2018年，成都GDP占四川的比重为37.7%，武汉GDP占湖北的37.7%，西安GDP占陕西的34.2%，长沙GDP占湖南的30.2%，广州GDP占广东的23.5%。而同为长三角城市群的核心城市，合肥GDP占安徽的

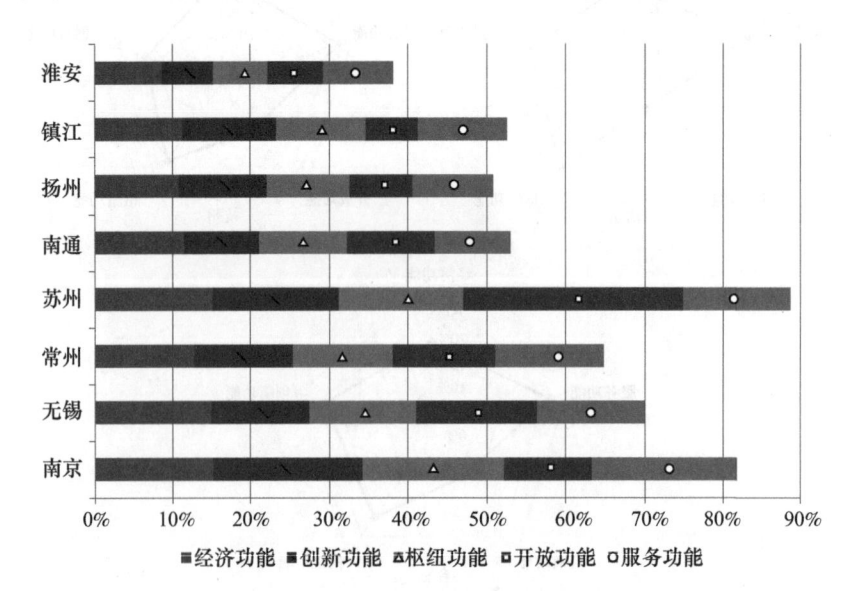

图6-6 江苏省内主要城市功能比较

26.1%，杭州 GDP 占浙江的 24.0%，而同期，作为省会城市，南京 GDP 占全省的比重只有 13.8%，而苏州 GDP 占全省比重达到了 20.1%。南京与苏州在经济规模实力上还有一定差距，对全省辐射影响力也有待增强。

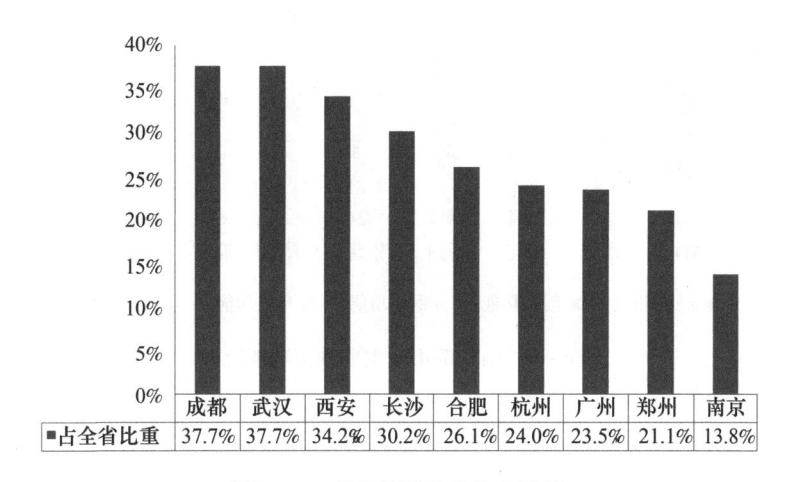

	成都	武汉	西安	长沙	合肥	杭州	广州	郑州	南京
占全省比重	37.7%	37.7%	34.2%	30.2%	26.1%	24.0%	23.5%	21.1%	13.8%

图 6-7 南京的城市首位度比较

4. 南京都市圈中的城市能级

南京都市圈是中国最早跨省共建的都市圈，是长三角世界级城市群的重要组成部分。因此，着重分析南京都市圈内部城市的发展优势和不足，有助于共同谋划提升都市圈发展质量和现代化水平。从都市圈城市发展情况比较来看（见图 6-8），南京在经济、创新、枢纽、开放、服务功能方面都占有绝对优势。具体来看，经济、创新和枢纽功能方面，紧随南京的城市都是常州、镇江、扬州和芜湖；服务功能方面，紧随南京的城市包括常州、镇江、扬州和马鞍山。然而，开放功能是南京的弱项，马鞍山的外资占 GDP 比重达到了 1.30%，比南京的 0.30% 还要高，同时，常州、芜湖也都高于南京。南京都市圈的一体化发展的前提还是南京要做强自己的硬实力，提升自身龙头作用，做大能级。同时，要充分发挥不同城市的资源禀赋和发展优势，通过一体化发展，共同提升区域竞争力。

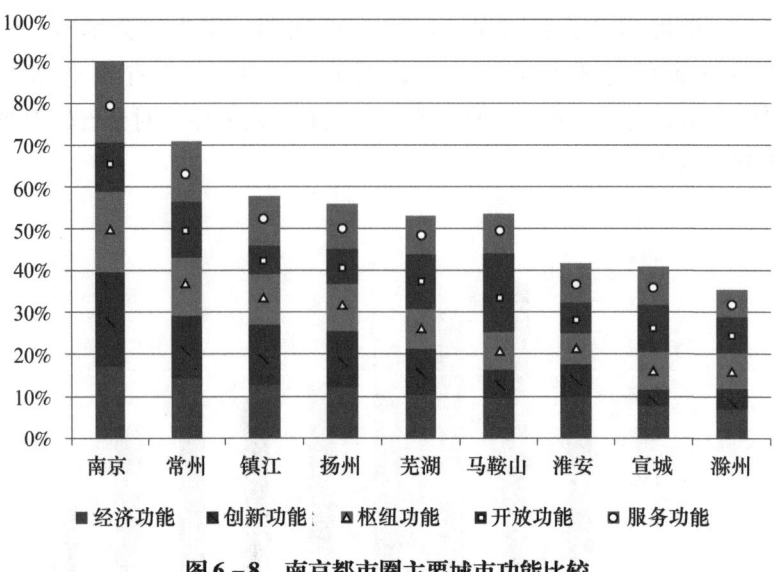

图 6-8　南京都市圈主要城市功能比较

第二节　南京建设引领性国家创新型城市的现实基础

一　南京建设创新型城市的基础优势

（一）创新基础不断夯实，综合实力逐渐显现

南京不断提升原始创新能力，加大基础研究力度，推动城市创新发展取得显著成效。一是基础创新能力进一步提升。南京拥有120多个国家级研发平台，2021年，南京专利授权量91964件，比上年增长20.5%，发明专利授权21568件，增长44.8%。万人发明专利拥有量达95.42件，位居全国前列。2022年，技术合同成交额为850亿元，R&D投入强度为3.7%。二是创新综合实力明显增强。《中国新一线城市创新力报告（2021）》显示，南京城市创新力排名第五，仅次于北京、上海、深圳、广州，进入创新第一行列。2022年，人均GDP达17.8万元，GDP达到1.69万亿，进入全国大中城市十强，一般公共预算收入增长高于全省1.9个百分点，《国家创新型城市创新能力评价报告

2022》中，南京创新能力更是提升为全国第二。

（二）创新要素加快集聚，科技成果转化明显

南京坚持以创新为第一动力，深入实施创新驱动发展战略，抓住创新这个牵动经济社会发展全局的"牛鼻子"，培育新动力、塑造新优势。一是科教人才资源汇集。南京拥有53所高等院校（不含部队院校），其中13所入选国家"双一流"建设高校名单，总数列全国城市第三位。无论是人才总量还是密度都排在全国前列，2021年，南京地区新增两院院士14名，居全国第二，紫金山英才计划更是成为吸引众多顶尖人才、创新人才等的重要平台。南京在建邺、江北、江宁、紫东四大片区规划建设的"海智湾"国际人才街区，成功吸引大量海外高层次人才入驻。二是创新载体不断优化。高新园区高质量建设进展快速，南京高新区全国排名从第27位上升至第12位。2022年，南京国家级科技企业孵化器获优数量达25家，连续2年居于全国首位，省级新型研发机构数量有206家，位居全省第一。三是加快科技企业集聚。2022年，南京规上工业企业超4000家，高新技术企业达到8800家以上，科技型中小企业达到1.8万家，独角兽企业达17家，培育国家制造业单项冠军企业16家、国家级专精特新"小巨人"企业106家。2023年上半年，高新技术产业产值占全市规模以上工业总产值比重达到55.1%，科技型中小企业入库超1.7万家，总量居全省第一。

（三）产业结构持续优化，新兴业态逐步显现

南京在高端产业培育、大项目引进方面取得了较为突出的成绩。一是产业结构持续优化。根据最新发布的《南京市推进产业强市行动计划（2023—2025年）》，不仅要巩固提升电子信息、汽车、石化、钢铁四大传统支柱产业，更要培育壮大"2+6+6"创新型产业集群。其中，"2"指的是增强软件和信息服务、新型电力（智能电网）两大产业集群；第一个"6"指的是新能源汽车、智能制造装备、集成电路、生物医药、新型材料、航空航天六大产业集群；第二个"6"指的是新一代人工智能、第三代半导体、基因与细胞、元宇宙、未来网络与先进通信、储能与氢能六大未来集群。2023年上半年，"2+6+6"创新型产业集群业务收入同比增长10%以上，6个未来产业整体增速近30%。二

是数字化转型成效显著。近年来，南京相继出台一系列推动制造业智能化改造和数字化转型的行动计划或实施方案，为数字经济下的制造业发展提供了制度支撑。2022年江苏省大数据产业发展试点示范项目中，南京获得29个，居全省首位。2022年，实施智能化改造和数字化转型项目2896个，中兴南京滨江5G全连接工厂荣获2022年度5G全连接工厂十大标杆案例，朗坤苏畅工业互联网平台成为南京首个入选的国家级"双跨"平台。《2022中国数字经济发展研究报告》显示，南京排名第8位，已跻身新一线数字经济城市。

（四）创新环境持续优化，创新氛围日益浓厚

南京不断完善创新创业政策体系，营造鼓励创新创业的政策法规环境，成为创新体系建设的重要支撑。一是创新政策不断完善。制定实施优化营商环境三个"100条"政策，率先开展"不见面"审批，"一件事"改革在全国推广，连续两年获评营商环境全国标杆城市。《关于深入推进引领性国家创新型城市建设的若干政策意见》更是注重聚焦重点、精准施策，以科技创新协同推进全面创新。二是科技金融加快助力。着力构建"宁科贷""宁科投""科创债"三位一体的科创金融投入机制，不断优化"南京金服"和"科技金融园区行"两大平台功能。截至2022年10月底，科创基金累计合作设立子基金48支，总规模93.38亿元。三是科技创新体制机制更加优化。《南京市进一步深化科技体制综合改革工作方案》在任务导向型科研攻关机制，创新人才引培、流动、成果评价和转化机制，完善知识产权保护和运用体系等方面总结凝练了南京经验。2022年，八部门联合印发《关于开展科技人才评价改革试点的工作方案》，南京作为六个试点地区（四省两市）之一，将重点充分发挥南京科教资源优势，强化产学研融合和人才分类评价。南京牵头起草《打造全省具有全球影响力的产业科技创新中心主承载区行动方案》，提出"低收费长赋权""先试用后转让"等赋权改革典型举措。

（五）对外开放全面推进，国际地位日益攀升

一是外贸易结构不断优化。积极应对中美经贸摩擦影响，推动外贸企业拓展"一带一路"共建国家市场，支持企业开展技术和产品升级，机电、电子等高新技术产品出口保持较高幅度，市场占有率也不断提

高。2022 年，外贸进口总量由 611.9 亿美元提升到 920 亿美元左右，其中，一般贸易占到 79%。2022 年，加大招商引资力度，实际使用外资 48.5 亿美元，增长 10.5%。二是自贸区建设提质增效。积极参与共建"一带一路"、长江经济带、长三角一体化等国家战略。中国（江苏）自由贸易试验区南京片区获批建设，对标 RCEP 等高标准经贸规则，加速推进制度型开放和产业开放试点。

二 南京建设创新型城市的历史演进

"城市首位度（urban primacy index）"的概念最早起源于城市经济地理学对城市规模分布的研究，将首位城市与第二大城市的人口比值作为首位度的测算。创新越来越成为一个城市综合实力的决定性因素，由此城市"创新首位度"作为提升城市首位度的重要内容日益浮出水面。南京要加快建设引领性国家创新型城市，争创国家区域科技创新中心和综合性国家科学中心，如何以创新带动城市经济的全面发展、如何全面融入全球创新网络，在更高水平上集聚配置高端创新要素而实现城市地位的迅速攀升成为重要议题。

（一）指标体系构建及数据来源

1. 指标体系构建

结合城市创新发展的要求，同时鉴于数据的获得性与可比性，构建了包含 5 个一级指标（基础创新、产业创新、创新要素、创新环境、开放创新）、10 个二级指标的创新首位度评价指标体系。其中，基础创新的评价指标选择每万人专利授权数量和获得国家科学技术进步奖数量；产业创新的评价指标选择高新技术企业产值占规上工业总产值比重（在对比分析中选择高新技术企业数量指标）和第三产业占比；创新要素的评价指标选择研发投入占 GDP 比重和普通高校在校大学生数量；创新环境的评价指标选择人均互联网宽带接入用户数和国家级科技企业孵化器数量；开放创新的评价指标选择 PCT 国际专利申请数和合作发表论文数量（见表 6-3）。

表 6-3　　　　　　　城市创新首位度评价指标体系

序号	一级指标	二级指标
1	基础创新	每万人专利授权数量 获得国家科学技术进步奖数量
2	产业创新	高新技术企业数量/高新技术企业产值占规上工业总产值比重 第三产业占比
3	创新要素	研发投入占 GDP 比重 普通高校在校大学生数量
4	创新环境	人均互联网宽带接入用户数 国家级科技企业孵化器数量
5	开放创新	PCT 专利申请数 合作发表论文数量

2. 数据来源

南京科技创新演化情况数据主要来源于 2008—2018 年《南京市国民经济和社会发展统计公报》，以及 2009—2018 年南京城市统计年鉴、南京 2016 年和 2017 年《科技统计要览》，科技部发布的 2008—2018《年度国家科学技术进步奖获奖项目名单》，以及科学技术部火炬高技术产业开发中心发布的《国家级科技企业孵化器名单》等。合作发表论文的数量来源于知网数据，作者单位分别选取了南京大学和东南大学两所大学，排除两所大学与南京本地机构的合作数量，得到两所大学与其他非南京归属地机构的论文合作数量。

不同城市比较研究数据源于不同城市 2018 年《国民经济和社会发展统计公报》和《知识产权保护状况白皮书》等部门统计数据、不同城市 2018 年城市统计年鉴和所在省份统计年鉴，以及《中国城市统计年鉴》和《中国统计年鉴》等数据。对于 2018 年数据缺失的，以 2017 年、2016 年数据弥补。

(二) 南京创新首位度的演进情况

通过将 10 个二级指标进行标准化处理，并将数据进行加总，得到南京的创新首位度指数，进一步描绘出南京 10 年间创新首位度演进图 (见图 6-9)。整体来看，10 年间，南京的创新首位度出现了质的飞跃，整体创新首位度指数从 2008 年的 22.13 上升为 2018 年的 41.76，增长了 88.69%。具体情况如图 6-10 所示。

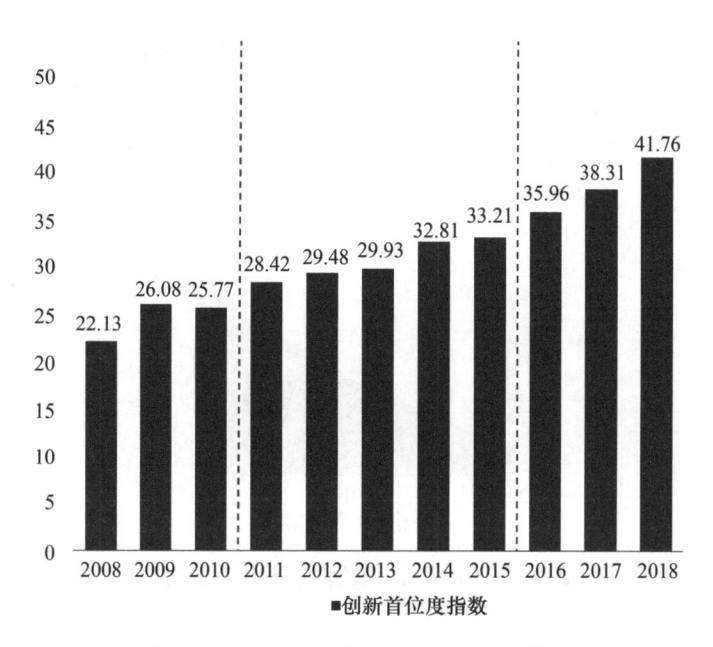

图 6-9　2008 年以来南京创新首位度演进

（1）2008—2010 年，从增长速率来看，指数忽高忽低。受 2008 金融危机的影响，创新首位度指数波动明显，2008 年创新首位度指数只有 22.13，2009 年创新首位度相对较高，2010 年出现了下降。这一时期，南京及时出台了各项促进创新发展的政策，为创新首位度提高集聚了新动能。全国唯一的科技体制综合改革试点城市、首批创新型城市建设试点城市、中国软件名城等一系列先行先试的政策优势，为南京加快发展创新型经济提供了新机遇，促进了创新首位度在波动中上升。从具体指标来看，大部分创新指标都处于稳定上升阶段，但也出现了明显的波动，波动明显的指标为产业创新、创新要素和开放创新三个指标。

（2）2011—2015 年，创新首位度整体增长比较平稳，从 2011 年的 28.42 增长到 2015 年的 33.21，但增长速度比较缓慢，2012—2013 年仅仅增长了 1.5%，2014—2015 年仅仅增长了 1.2%。借助 2014 年青奥会

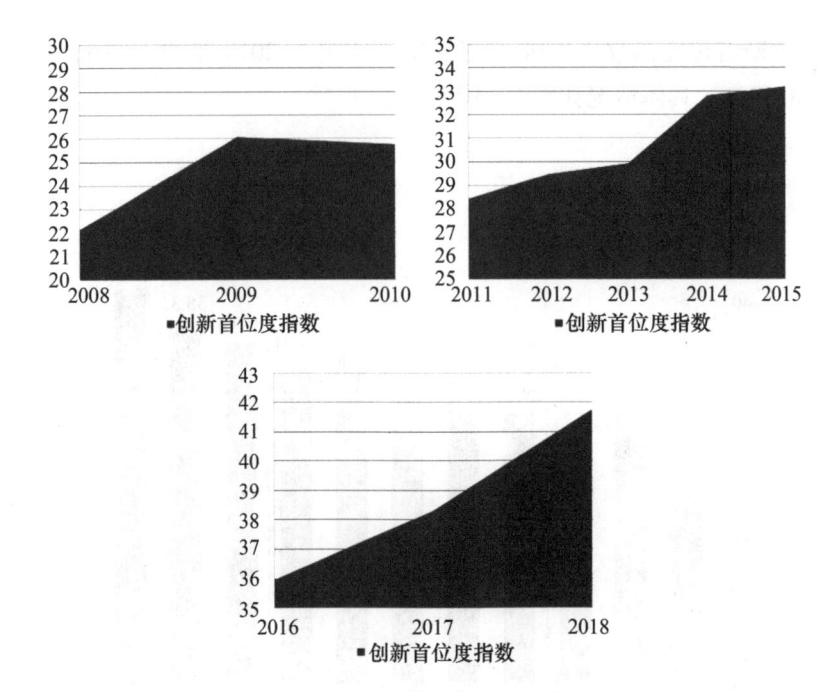

图 6-10　分阶段南京创新首位度演进图示

等国际赛事的筹办，在提升南京城市形象的同时，也加快了南京创新首位度的提高。尤其是 2015 年南京江北新区成为江苏省首个国家级新区，为南京的创新发展提供了更多的发展机遇和更大的发展空间。从具体指标来看，基础创新、产业创新方面提升最为明显，创新要素、创新环境和开放创新部分指标出现了波动，整体也处于上升阶段。

（3）2016—2018 年，增长速度在不断加快，从 2016 年的 35.96 增长到 2018 年的 41.76，增长了 16%，创新首位度指数出现了直线式上升。2016 年国务院批准的《长江三角洲城市群发展规划》，将南京定位于仅次于上海的超大城市，2017 年底召开的南京市委十四届五次全会正式启动实施创新驱动发展"121"战略，体现了南京致力于创新首位度提升的信心和决心。从各项指标来看，也都增长显著。2019 年上半年，南京实现地区生产总值 6742.59 亿元，同比增长 8.1%，增速稳居江苏省和东部 GDP 过万亿元城市首位。人工智能、集成电路、新能源汽车等产业地标快速成长，2019 年上半年，新增就业参保总人数 27.61

万人，其中新增就业参保大学生人数占到了 69.23%，新增独角兽企业 2 家、培育独角兽企业 20 家，瞪羚企业 87 家，创新要素加快集聚。

从具体指标的分析来看：

基础创新指标方面，创新指标从 2008 年的 2.45 增长到了 2018 年的 9.16，翻了近 4 倍。受国家科学技术进步奖获奖项目的影响，整体波动明显，2015 年以来出现了直线增长，可以看出，近年来南京保持了较好的基础创新基础。尤其是专利授权量的数量增长显著，从 2008 年的 4816 件，增长到 2018 年的 44089 件，增长了近 10 倍。每万人专利授权量的数量也从 6.35 件，稳步上升到 2018 年的 52.26 件，2018 增长最为显著，增长了 35.8%。国家科学技术进步奖获奖项目 10 年来波动比较明显，但 2016 年以来一直保持在 20 个以上（见图 6-11）。

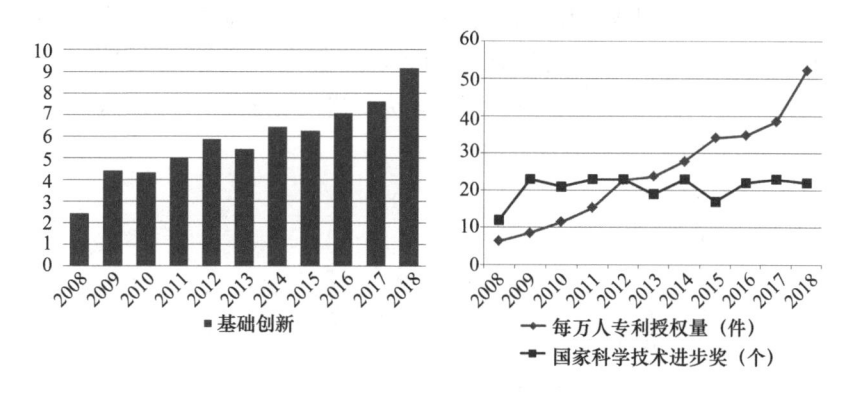

图 6-11 南京基础创新演进图示

产业创新方面，创新指标一直在稳定增长，但增长幅度相对较小，10 年间只增长了 19.90%。其中，第三产业占 GDP 的比重 10 年间增长了 10 个百分点，从 2008 年的 50.5% 增长为 2018 年的 61%。高新技术产业占规上工业总产值的比重增长比较缓慢，从 2008 年的 40.5% 增长到 2018 年的 47.85%，仅仅增长了 7.35 个百分点。南京在产业创新方面还有较大的提升空间（见图 6-12）。

创新要素方面，主要选取了创新人才和创新投入两个方面，10 年间这两项指标的增长都比较缓慢，仅仅增长了 8.01%。从创新人才来看，南京的每万人在校大学生数量一直处于全国城市前列，10 年来指

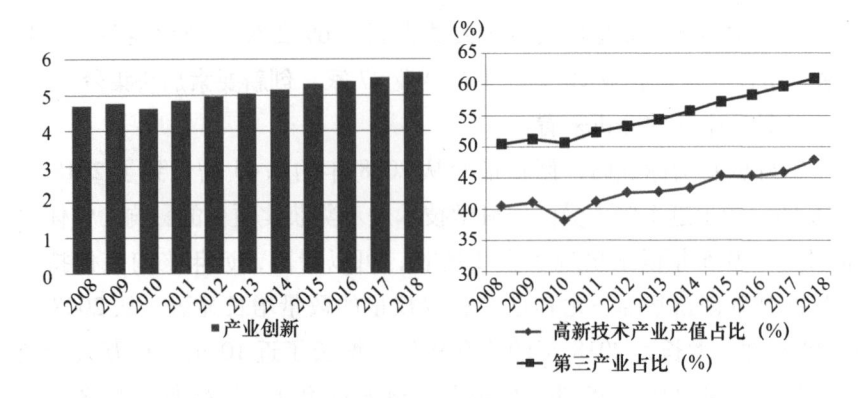

图 6-12 南京产业创新演进图示

标相对比较稳定，从 2008 年的 955 人到 2018 年的 1009 人，增长了 5.66%，2016 年以来，稳定保持在 1000 人左右。从创新投入指标来看，研发投入占 GDP 的比重从 2008 年的 2.65% 到 2018 年的 3.07%，10 年间仅仅增加了 0.42 个百分点，增长较为缓慢（见图 6-13）。

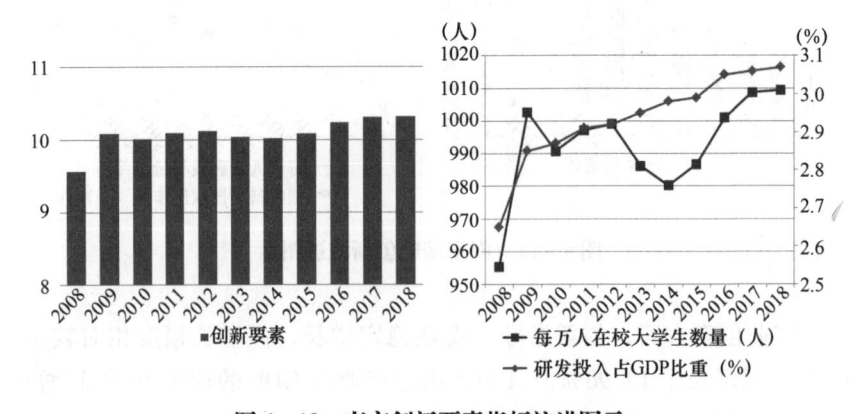

图 6-13 南京创新要素指标演进图示

创新环境指标方面，10 年间南京的增长改善比较明显，创新环境指数将近翻了 10 倍。从具体指标来看，国家级科技企业孵化器数量经历了从无到有，2018 年增加到了 27 个，然而从近三年情况来看，国家级科技企业孵化器数量从 2017 年开始增长减慢，2018 年比 2016 年仅仅增加了 3 个，较之于 2017 年没有变化，建设速度明显放缓。南京的信息化基础设施建设相对比较完善,互联网宽带接入用户数从 102.13 万户增加到 2018 年的 492.01 万户,人均互联网宽带接入用户数从 0.14 户/人增加到了 0.58 户/人,增加了 3 倍多(见图 6-14)。

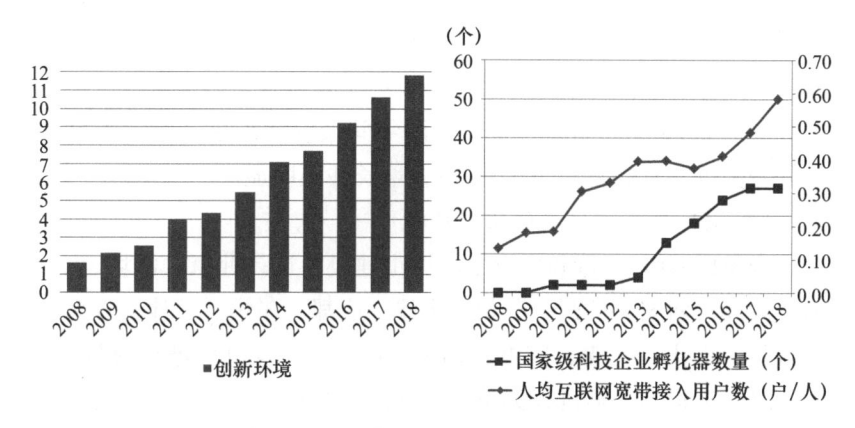

图 6-14 南京创新环境指标演进图示

开放创新方面,创新指数从 3.81 增长到 4.82,增长了 26.4%。从具体指标来,合作发表论文的数量 10 年间随着时间的变化增长并不明显,而 PCT 国际专利申请数量基本呈现直线增长,从 2012 年的 183 件增长为 2018 年的 926 件,增长了五倍多,尤其是 2018 年,较之于 2016 年将近翻了三番(见图 6-15)。

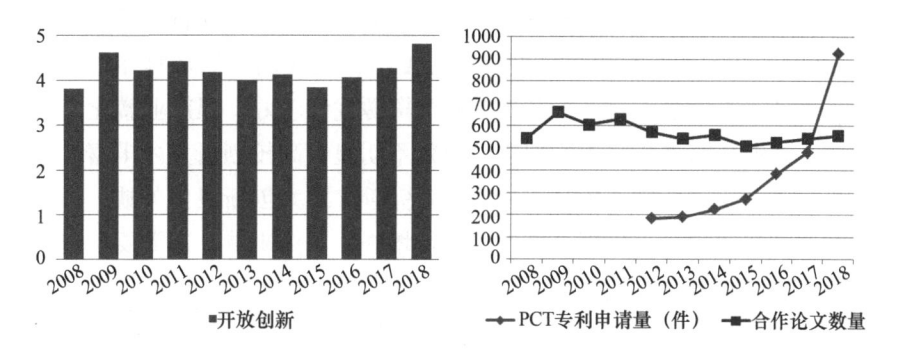

图 6-15 南京开放创新指标演进图示

整体来看,10 年间基础创新、产业创新和开放创新三个方面的指标增长最为显著，2018年专利授权数量（44089件）是2008年（4816）的近十倍；PCT国际专利申请量从2012年的183件到2018年的926件，增长了五倍多；第三产业占GDP的比重增加了十个百分点（2008年为50.5%，2018年为61%）。然而，也有部分指标增长并不乐观，创新要素和创新环境方面的指标仍有较大的提升空间，如研发投入占GDP的比重，10年间仅仅增加了0.42个百分点；国家级科技企业孵化器数量从2016年开始增长减慢，两年间仅仅增加了3个；国家科学技术进步奖也一直保持在20个左右，增长并不明显。

（三）南京创新首位度的比较分析

综合考虑GDP总量和国家中心城市建设，选择北京、深圳、上海、广州、武汉、西安、杭州、苏州、天津、成都、郑州、长沙、青岛、合肥、常州、重庆、无锡、宁波、南通19个城市与南京进行对标分析。首先，对所有指标数据进行无量纲化处理，指标的权重确定采用熵权法这种客观赋权方法，最后得到每个城市的综合得分，对南京的创新首位度情况进行评价。从最终得分来看，北上广深排在了第一序列，创新首位度明显领先于其他城市，尤其是北京和深圳，总分都达到了60以上，创新优势尤为明显（见图6-16）。南京、杭州、武汉等城市属于第二梯队，总分在30—50，南京的创新首位度指数在第二梯队里排在了第一位，和杭州比较接近，都超过了40，创新首位度指数分别达到了41.76和40.27，高于武汉、苏州等城市，可见近年来南京创新型城市的建设成效明显。郑州、长沙等城市位于第三梯队，创新首位度指数处于30以下。虽然南京的整体创新首位度指标比较高，但从具体指标分析来看还存在明显不足，如基础创新的资源优势较好，但产业转化能力较弱；产业创新增长显著，但创新成效不明显；高校创新人才丰富，创新投入相对不足；创新信息化设施相对完善，重大创新载体欠缺；国际专利申请快速增长，创新合作力度亟待增强。具体来看，还需要从以下五方面进行提升。

一是基础创新优势还有待凸显。南京集聚了诸多的高校资源和科研院所，在国家重大科技创新方面有先天优势，然而，也存在市场导向的研发动力不足、技术开发和成果转化效应不明显等问题。如图6-17所示，2018年南京万人专利授权量是52.26件，排在了第八位。深圳遥遥

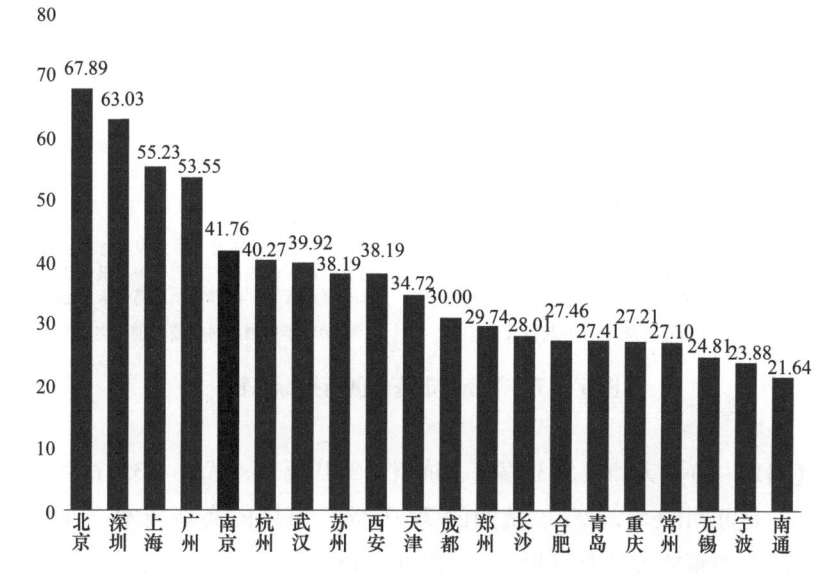

图 6-16 部分城市创新首位度指数比较

领先,达到了107.63件,比第二名的苏州(70.70件)和第三名的广州(61.96件)多出了近40件,其次是北京57.10件,杭州56.47件,宁波、无锡和南京数量相当,都低于55件。从专利授权量的数量来看,南京也只有深圳的31.45%,北京的35.84%,苏州的58.16%,杭州的76.85%。从国家科学技术进步奖的数量来看,南京的优势比较明显,仅仅低于北京和上海两个城市,这与南京高校资源丰富有着密切关系,南京大学、东南大学、南京中医药大学、中国药科大学等高校成果是南京基础创新的重要支撑。南京具有优越的基础创新的先发条件,如何将这些先进科学技术创新成果转化为产业发展优势,实现高新技术产业化的集聚优势,是南京实现创新发展亟须攻克的重大课题。

二是产业创新能力还有待提升。近年来南京的服务业发展迅速,2018年,第三产业占GDP比重首次超过了60%,达到61%,除了低于北上广之外,与杭州、西安等城市水平相当,其中,金融、运输、网络零售等领域增长最为明显。然而,从高新技术企业的数量来看,2017年南京仅仅排在第12位,2018年,南京净增1276家,增长显著,上升到了第9位,与其他城市相比,仍然低于北京、上海、广州、深圳,苏

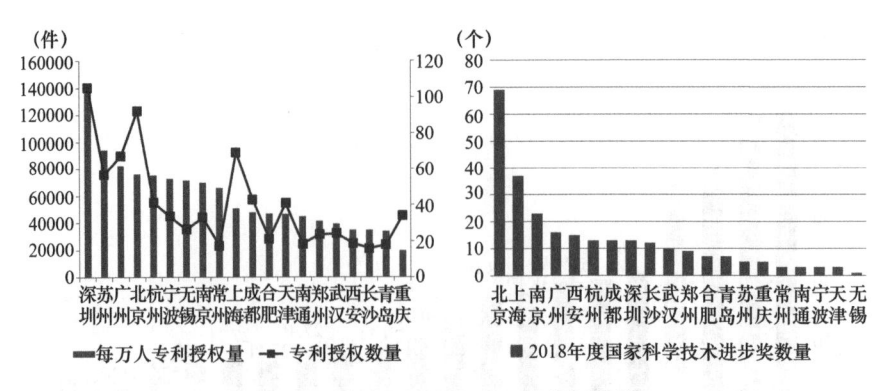

图 6-17 部分城市基础创新指标比较

州（5416家）、天津（5038家）、杭州（3919家）、武汉（3527家）等城市，是苏州的57.72%、杭州的79.77%，整体的高新技术产业化水平和产业创新能力还有待提高（见图6-18）。

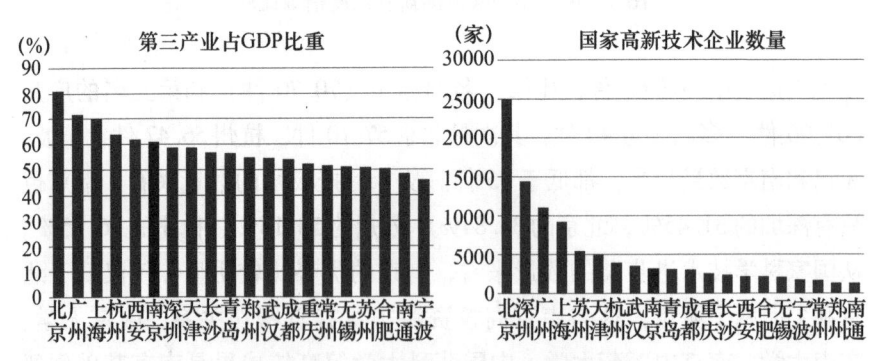

图 6-18 部分城市产业创新指标比较

三是创新要素集聚效应不明显。南京的创新人才，尤其是高校在校大学生数量一直排在同等城市前列，2018年平均达到8.55人，甚至高于北京、上海、广州等城市。但是总体来看，留在南京的大学生比重并不是很高。以南京大学为例，2017年，南京大学毕业的参加就业的大学生、研究生、博士生总人数近8000人，但是留在南京的不足2000人，占当年毕业总人数的23.3%。ofo小黄车联合"城市数据团"对北京、上海、广州、南京、杭州、成都、武汉、郑州八座城市数十万大学生注册用户进行抽样调查所形成的"八城市大学生就业流向报告"显示，在八个城市中，2017 年上海大学生留沪的比例高达 70%，而毕业后留在南京的大学生比重仅为 30% 左右，此外有 20% 的毕业大学生去往上海，15% 去往无锡、杭州、扬州、合肥等长三角城市，另外也有 15% 去往北京、深圳、广州等地（见图 6-19）。在创新投入方面，近年来不仅增长缓慢，与其他城市相比也有一定差距，如图 6-20 所示，2018 年研发投入占 GDP 的比重为 3.07%，低于上海的 3.82%、杭州的 3.3%、合肥的 3.24%，如何在长三角一体化建设中，尤其是长三角科创圈建设中彰显自己的创新优势，在创新投入方面还有较大的提升空间。

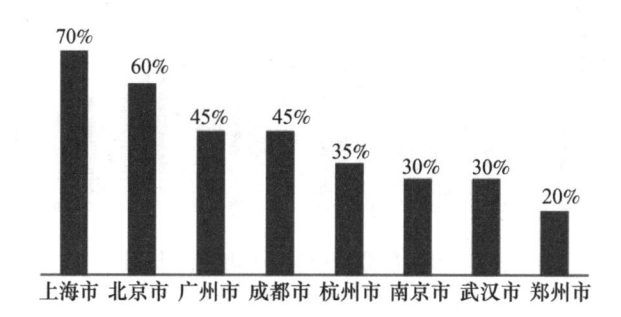

图 6-19　本地就业吸引力情况①

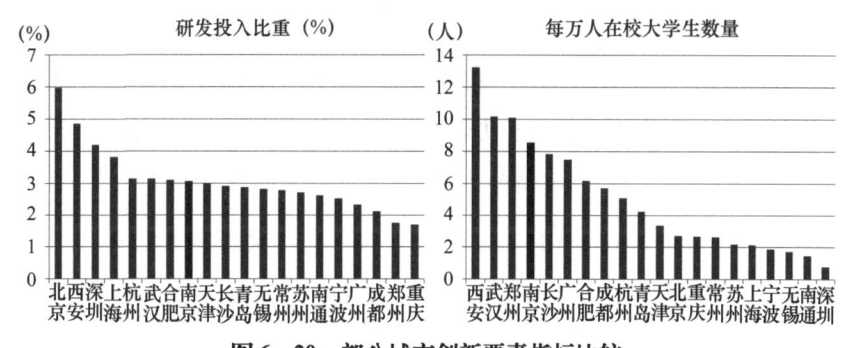

图 6-20　部分城市创新要素指标比较

四是创新环境营造还存在不足。互联网宽带用户量方面，南京排在第 11 名，而人均互联网宽带用户量南京跃居第一名，南京的互联网基

---

① 资料来源：http://dy.163.com/v2/article/detail/D0VCOSBR0514AUED.html.

础设施建设不断加快推进，信息化水平提升明显，为城市创新发展提供了良好的支撑条件。但从创新载体建设来看，如图6-21所示，南京仅仅排在了第7位，2018年，国家级科技企业孵化器的数量只有27家，只有北京的48.21%，上海的55.10%，低于苏州的42家、杭州的32家、武汉的29家，整体来看，科技载体建设水平有待提高，尤其是重大的创新载体和创新平台，南京还比较欠缺。

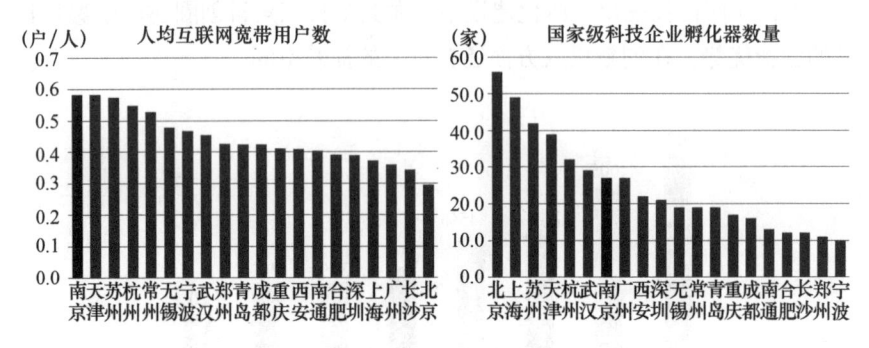

图6-21 部分城市创新环境指标比较

五是开放创新辐射力度还不够。无论是PCT申请专利数量，还是合作论文数量，南京都有较大的提升空间。从PCT专利申请量来看，虽然近年来南京增长比较快，但整体差距还比较大，只有深圳（18081件）的5.12%、北京（6500件）的14.25%，而且低于苏州、武汉、青岛等城市。合作论文的数量方面，南京的优势也不突出，仅仅排在了第八位，比武汉、杭州、成都、重庆等城市都要低（见图6-22）。

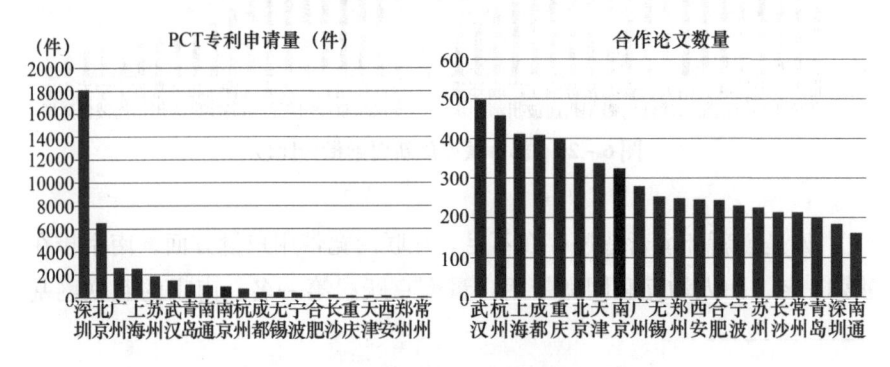

图6-22 部分城市开放创新指标比较

第三节 南京建设引领性国家创新型城市的具体举措

一 增强南京基础创新策源能力

强化前瞻性基础研究优势,瞄准价值链上的核心技术和关键环节,促进基础科学研究从"跟踪学习"向"原始创新"转变,加大对基础创新的研发投入,不断夯实科技创新的底层逻辑。

一是积极争取国家级科技创新战略布局。建设前沿科学交叉研究平台,加快国家第三代半导体、集成电路设计自动化等国家级技术创新中心建设,不断完善"基础研究+产品开发+商业应用"多层次全流程的创新体系建设。积极推动紫金山实验室承担更多未来产业技术领域突破,加快推进现代综合交通实验室等更多国家重点实验室建设。加快在6G、AI、无人驾驶、量子科技、虚拟现实等领域搭建开放共享平台,加快技术集成创新。

二是统筹协调源头性技术创新布局。充分发挥好江北新区、紫金山科技城、麒麟科技城等创新载体作用,统筹优化创新要素,布局建设技术创新与成果转化类国家科技创新载体平台,提升基础研究、关键技术攻关与成果转化的协同创新能力,完善区域性、源头性技术创新布局框架体系。

三是突破重点领域关键核心技术。建立前沿技术应用中长期战略,强化"前沿技术+场景应用"行动,推进从"技术预见"向"应用预见"的转化。以企业为主体,布局建设一批贯穿从研究开发到应用示范全链条打通的未来产业中试基地,加速前沿科技应用迭代。实施未来产业跨界融合示范工程,强化未来科技在节能环保、公共健康、安全韧性、智慧城市等领域的场景式创新。

二 提高南京产业创新领先水平

产业是城市发展的基石,要加快构建现代产业体系,打造优势产业集群,培育领军企业,促进南京产业向价值链高端跃升。

一是推动制造业高质量发展。坚持以原始创新引领支撑先进制造业发展，立足南京优势特色，聚焦人工智能、新能源汽车、生物医药、集成电路等产业，大力推动关键技术和标准突破、关键产品和服务突破、关键装备和工艺突破，努力实现关键核心技术自主可控。加快工业企业转型升级步伐，大力推动工业互联网创新应用，开展资源集约利用绩效评价，稳步推进企业优胜劣汰，为高质量制造业企业引进培育腾挪空间。

二是推动服务业提质增效。坚持生产性服务业和生活性服务业并举，打造现代服务业发展高地。生产性服务业重点发展科技服务、法律服务、商务会展等产业，增强城市综合服务功能。生活性服务业重点发展养老、健康、教育、商贸等产业，以创建国际消费中心城市为统领，突出抓好新街口商圈、河西元通等提档升级，打造一批具有区域影响力的消费品牌，形成"购物南京"特色优势，不断满足都市圈居民的消费升级需求。在打好防范化解重大风险攻坚战同时，大力发展现代金融业，加快推进以"一江两岸"为核心的泛长三角区域金融中心建设，推动金融业更好地服务实体经济。

三是加快推动新经济发展。聚焦人工智能、区块链、量子信息等产业风口，加快研发机构布局和企业孵化，抢占未来产业制高点，建设具有南京特色的新经济集群。鼓励支持新经济发展，在绿色低碳发展、智慧城市建设等场景中加大首购首用等扶持力度，为培育数字经济等新经济企业打开空间。依托苏宁云商、阿里巴巴和小米科技区域总部等，打造中科系、南大系、东大系、苏宁系、五星系、南瑞系等平台生态圈，快速孵化一批新经济市场主体。

四是深化产业园区体制机制改革。转变产业园建设理念，加快"瘦身、增高、变美"，促进园区从"租赁型""卖地型"向"管理型""投资型"转变，由单纯的土地运营向综合的"产业开发"和"氛围培育"转变。引导园区聚焦主导产业发展，围绕主导产业打造全产业链、全治理链和全服务链，实现园区发展领域的"瘦身"。提高园区的创新驱动功能，加强创业投资孵化和园区资本运作，实现"增高"发展。促进产城融合，发展产业综合体，驱动园区微更新和场景营造，实现园区高能级驱动。

三 强化南京创新平台集聚优势

创新平台是集聚创新主体、促进创新要素优化配置和科技成果转化的重要载体。要强化平台资源整合与升级共享功能，使创新平台真正成为科技突破和产业升级的"加速器"。

一是高要求考评已有创新平台。增强对行业和区域性的技术中心、信息中心、研发中心等的支持力度，通过政策引导和倾斜，促进服务水平提高。对现有的创新平台包括新型研发机构进行严格的评估和跟踪，按照"认定一批、培育一批、淘汰一批、提升一批"，增强创新平台活力，提升创新平台质量。对高校、科研机构和大型企业的仪器设备、检测检验、文献资料等科技资源开放共享的情况进行绩效考评。

二是构建高水平创新人才聚集平台。引进海外高层次人才，加快南京国家领军人才创业园、留学生文化创意产业园、留学人员创业园等平台建设。实施"345"海外高层次人才引进计划，持续推进"创业南京"英才计划、青年大学生"宁聚计划"。深化人才管理改革，调整优化落户政策，实施创新人才安居工程。

三是推动公共服务平台建设。加快科技中介服务体系建设，积极培育知识产权等科技中介服务机构。鼓励国内外知名高校、科研院所在南京设立研发机构和技术转移中心，加快创新资源整合集聚。

四是加快建设海外创新平台。加快建设海外协同创新中心、离岸科技企业孵化器等合作平台。以技术、人才为导向，通过在海外新设、并购或参股等方式设立海外研发平台，不断提升创新要素全球配置能力，同时，对南京市重点产业体系起到重要推动作用的海内外企业给予高标准的补贴或奖励。

四 优化南京创新生态环境支撑

在金融扶持、监管审批等方面不断探索和突破，打造适合创新、鼓励创新的优良生态。

一是加强科技金融服务支撑力。积极发挥省市专项资金和产业投资引导基金的撬动作用，引导各类社会资本参与城市创新发展。加快落实税收方面的减税降费政策，保证企业"应享尽享"。通过政府引导资金，放大"宁科贷""宁科投""科创债"支持效应，以财政资金引导金融资本、民间资金共同投资科技研究开发，建立科技研发投资引导基金，有针对性地加强对重大研发项目的前期支持。

二是加强知识产权保护力度。大力培育和引进一批知识产权服务品牌机构，解决南京市知识产权服务专业水平不够高，改变企业重要知识产权服务业务往往委托北京、上海等地服务机构的现状。

三是提升创新政策服务水平。建立企业数据信息库，逐步运用大数据和人工智能技术将惠企政策与企业信息智能匹配，通过移动端实现对企业线上精准推送有关信息。在各政府部门领导"走流程、找差距"的基础上，学习深圳的做法，对企业行政服务确实兑现100%一号办、一窗办、一网办、一次办、阳光办的"五个100%服务"。

五　发挥南京区域创新引领作用

发挥好南京江北新区和江苏自由贸易试验区南京片区的前沿引领作用，不断提升南京的创新引领作用。

一是以长三角一体化建设为重点，全面提升创新能级。作为长三角一体化发展的核心城市，南京要围绕长三角"一极三区一高地"的战略定位，明确自身的战略位置和主攻方向，全面提升自身创新能级，充分发挥在区域创新中的引领带动作用。

二是以南京自贸区建设为契机，建设"对外开放重要平台"。南京自贸区是新时代国家推进高水平对外开放和全面深化改革的重要平台，要在贸易便利化、投资自由化、金融开放等领域开展更深层次的探索，形成更多可复制可推广的制度创新成果。充分发挥区位优势和创新引领作用，推动高端产业集聚、科技创新突破和国际化营商环境优化，成为对接国际高标准经贸规则的重要窗口。积极主动融入和服务"一带一路"倡议和长江经济带战略，深化区域协同发展，通过制度创新和开放平台建设，打通国际国内双循环关键节点，强化南京在长江经济带中的枢纽地位。

三是以全球战略性布局为抓手，高起点谋求全球科技创新合作。南京要积极抢占国际创新制高点,围绕产业链创新链深度融合的关键环节,对全球科技创新资源进行认真梳理和研究,抢抓先机,加快发展和建设海外创新平台。结合南京的产业特点以及全球科技发展的趋势,围绕人工智能、量子科技、生物科学、物联网科技、4D打印等领域建设海外研发中心,整合全球顶尖创新资源,及早进行科技创新的全球战略化布局。鼓励多种形式的战略平台建设,对高校、科研院所、企业建设国际科技合作平台进行资金扶持。鼓励在宁高校、企业参与国际大科学工程,积极开展国际科研和学科合作。

参考文献

白洁、李万明：《创新型城市建设、营商环境与城市创业》，《软科学》2022年第9期。

白俊红、张艺璇、卞元超：《创新驱动政策是否提升城市创业活跃度——来自国家创新型城市试点政策的经验证据》，《中国工业经济》2022年第6期。

曹勇、曹轩祯、罗楚珺等：《我国四大直辖城市创新能力及其影响因素的比较研究》，《中国软科学》2013年第6期。

曹湛、彭震伟：《崛起的全球创新中心：中国城市在全球城市科研合作网络中的演化特征》，《城市规划学刊》2021年第5期。

柴志贤、任来贺：《城市功能对制造业生产率增长影响的空间计量分析——以长江经济带城市群为例》，《工业技术经济》2023年第9期。

陈劲、阳银娟：《协同创新的理论基础与内涵》，《科学学研究》2012年第2期。

陈晓东：《改革开放40年技术引进对产业升级创新的历史变迁》，《南京社会科学》2019年第1期。

陈依曼、李立勋、符天蓝：《中国城市创新能力及其影响因素的空间分异——基于GWR模型的实证》，《热带地理》2020年第2期。

陈志明：《全球创新网络的特征、类型与启示》，《技术经济与管理研究》2018年第6期。

陈志明：《中国企业融入全球创新网络的路径——知识获取与产品内分工整合的视角》，《科技管理研究》2022年第14期。

程大中：《全球价值链网络演进与中国创新增长》，《人民论坛·学术前沿》2022年第7期。

邓巍、梁巧转、王维:《"一带一路"背景下国家创新系统内外部要素对创新能力的构型影响》,《科学学与科学技术管理》2020 年第 10 期。

邓紫文:《长三角城市群创新网络对创新能力的溢出效应研究》,硕士学位论文,厦门大学,2018 年。

丁焕峰、孙小哲、王露:《创新型城市试点改善了城市环境吗?》,《产业经济研究》2021 年第 2 期。

丁明磊、王革:《中国的全球科创中心建设:战略与路径》,《人民论坛·学术前沿》2020 年第 6 期。

方创琳:《中国创新型城市建设的总体评估与瓶颈分析》,《城市发展研究》2013 年第 5 期。

方大春、孙明月:《长江经济带核心城市影响力研究》,《经济地理》2015 年第 1 期。

方刚、刘羽:《协同创新下知识距离对知识融合过程的门槛效应研究——以新能源行业为例》,《科技进步与对策》2024 年第 5 期。

高锡荣、罗琳、张红超:《从全球创新指数看制约我国创新能力的关键因素》,《科技管理研究》2017 年第 1 期。

辜胜阻、李华、洪群联:《创新型国家建设中的制度创新与企业技术创新》,《江海学刊》2010 年第 6 期。

韩玉刚、焦华富、李俊峰:《基于城市能级提升的安徽江淮城市群空间结构优化研究》,《经济地理》2010 年第 7 期。

韩子睿、魏晶:《江苏深入推进创新国际化路径研究》,《科技管理研究》2022 年第 19 期。

胡钰:《创新型城市建设的内涵、经验和途径》,《中国软科学》2007 年第 4 期。

胡兆廉、聂长飞、石大千:《鱼和熊掌可否得兼?——创新型城市试点政策对城市产业集聚的影响》,《产业经济研究》2021 年第 1 期。

黄南等:《全球科技创新的范式变革与长三角科技创新圈建设的路径探索》,《中国发展》2019 年第 6 期。

黄晓婷、孙久文、丁杰:《金融综合改革试验区与创新型城市双试点的创新效应》,《城市问题》2023 年第 2 期。

江小涓:《高度联通社会中的资源重组与服务业增长》,《经济研究》

2017 年第 3 期。

解学梅：《协同创新效应运行机理研究：一个都市圈视角》，《科学学研究》2013 年第 12 期。

解学梅：《中小企业协同创新网络与创新绩效的实证研究》，《管理科学学报》2010 年第 8 期。

黎晓春、常敏：《数字经济时代创新型城市发展的动力变革和路径优化研究》，《治理研究》2020 年第 1 期。

李炳超、袁永、王子丹：《欧美和亚洲创新型城市发展及对我国的启示——全球创新城市 100 强分析》，《科技进步与对策》2019 年第 15 期。

李超民、张坯：《网络空间全球治理的"中国方案"与实践创新》，《管理学刊》2020 年第 6 期。

李程骅：《城市与区域创新发展论》，中国社会科学出版社 2014 年版。

李程骅等：《扬子江城市群与区域一体化战略研究》，中国社会科学出版社 2021 年版。

李大伟：《提升我国产业在全球价值链中的位势研究》，《宏观经济研究》2015 年第 6 期。

李国平：《加快构建京津冀区域协同创新体系》，《区域经济评论》2016 年第 2 期。

李国平：《以国际科技创新中心建设支撑首都高质量发展》，《城市问题》2022 年第 12 期。

李健、屠启宇：《创新时代的新经济空间：美国大都市区创新城区的崛起》，《城市发展研究》2015 年第 10 期。

李军强、汪明月：《考虑研发补贴的政企协同创新双向政策调控路径》，《科学学与科学技术管理》2024 年第 7 期。

李俊江、孟勐：《基于创新驱动的美国"再工业化"与中国制造业转型》，《科技进步与对策》2016 年第 5 期。

李琳、韩宝龙、李祖辉等：《创新型城市竞争力评价指标体系及实证研究——基于长沙与东部主要城市的比较分析》，《经济地理》2011 年第 2 期。

李习保：《区域创新环境对创新活动效率影响的实证研究》，《数量经济技术经济研究》2007年第8期。

李雪松、党琳、赵宸宇：《数字化转型、融入全球创新网络与创新绩效》，《中国工业经济》2022年第10期。

李政、刘丰硕：《创新型城市试点政策对区域创新格局的影响及其作用机制》，《经济体制改革》2022年第4期。

刘锴、周雅慧、王嵩：《城市科技创新效率与网络结构特征——对国家级创新型城市的实证分析》，《科技进步与对策》2020年第23期。

刘逸：《关系经济地理的研究脉络与中国实践理论创新》，《地理研究》2020年第5期。

卢超、尤建新、郑海鳌：《创新驱动发展的城市建设路径——以上海创新型城市建设为例》，《科技进步与对策》2016年第23期。

卢现祥、滕宇汯：《创新驱动政策如何提升城市经济韧性：基于有效市场和有为政府的机制分析》，《中国软科学》2023年第7期。

吕拉昌、谢媛媛、黄茹：《我国三大都市圈城市创新能级体系比较》，《人文地理》2013年第3期。

栾志理、康建军：《日本收缩型中小城市的规划应对与空间优化研究》，《上海城市规划》2023年第4期。

马海涛、方创琳、王少剑：《全球创新型城市的基本特征及其对中国的启示》，《城市规划学刊》2013年第1期。

马海涛：《知识流动空间的城市关系建构与创新网络模拟》，《地理学报》2020年第4期。

马建辉、范谋远、何淼等：《科技创新效率的时空格局、区域差异及收敛特征》，《统计与决策》2023年第13期。

倪容、潘捷：《新发展格局下深圳提升创新能级研究》，《产经评论》2022年第6期。

宁研：《南京都市圈：共建共享"同城化"》，《群众》2020年第18期。

秦玲玲：《全球价值链嵌入及其对创新创业的影响机制研究》，博士学位论文，中国科学技术大学，2022年。

屈晓婷、罗雨薇、卿三吉：《我国创新生态系统研究热点与演进路径》，《中国高校科技》2023年第10期。

沈国兵：《影响中国企业创新发展因素的比较分析——基于全球生产网

络与知识产权保护视角》,《人民论坛》2019年第34期。

沈泽洲、王承云:《上海参与全球科技创新网络地位研究——基于WIPO专利合作数据》,《世界地理研究》2023年第2期。

滕堂伟、潘雅君、王胜鹏等:《长三角地区城市绿色创新效率网络空间结构演化及影响因素》,《长江流域资源与环境》2023年第7期。

王晨光:《全球创新网络演化对创新绩效的影响研究》,博士学位论文,山东师范大学,2023年。

王海花、孙芹、郭建杰等:《长三角城市群协同创新网络演化动力研究:基于指数随机图模型》,《科技进步与对策》2021年第14期。

王佳希、杨翘楚:《中国在全球创新网络中的地位测度——来自美国专利数据库的证据》,《中国科技论坛》2022年第7期。

王书涵:《全球创新网络中国家位势演进及影响因素研究》,硕士学位论文,武汉理工大学,2021年。

王振、卢晓菲:《长三角城市群科技创新驱动力的空间分布与分层特征》,《上海经济研究》2018年第10期。

王志宝、孙铁山、李国平:《区域协同创新研究进展与展望》,《软科学》2013年第1期。

王智新、李晓凡、高振娟:《新一代数字技术与全球创新网络研究综述与展望》,《科学管理研究》2023年第5期。

魏后凯、白玫:《中国企业迁移的特征、决定因素及发展趋势》,《发展研究》2009年第10期。

魏先彪:《基于创新链的国家创新型城市发展模式与评估研究》,博士学位论文,中国科学技术大学,2017年。

温科、李常洪、曾建丽:《数字化转型、研发国际化与企业创新绩效》,《技术经济》2023年第10期。

吴月辉、贺勇、王昊男等:《加强科技开放合作 共同应对时代挑战》,《人民日报》2021年9月26日。

伍江:《上海城市发展内涵和理念优化调整与城市能级的阶段性提升》,《科学发展》2016年第4期。

夏丽娟、谢富纪、付丙海:《邻近性视角下的跨区域产学协同创新网络及影响因素分析》,《管理学报》2017年第12期。

谢波：《资源产业集聚、技术创新能力与区域经济增长——基于省际面板的实证分析》，《科技进步与对策》2013年第7期。

徐德、陈从建：《中心城市创新首位度提升研究——以南京都市圈为例》，《现代城市研究》2020年第12期。

徐换歌、蒋硕亮：《国家创新型城市试点政策的效果以及空间溢出》，《科学学研究》2020年第12期。

薛风平：《国际化创新型城市：内涵与建设路径》，《中共青岛市委党校·青岛行政学院学报》2023年第4期。

晏艳阳、王娟、卢彦瑾：《创新型城市试点建设的"以点带面"效应研究》，《科研管理》2022年第7期。

杨凯瑞、史可、申珊：《芯片产业发展政策体系和政策逻辑研究——基于文本量化分析》，《产业创新研究》2023年第19期。

杨翘楚、王佳希：《上海在全球创新网络中的地位测度——来自全球十大创新城市集群的证据》，《中国科技论坛》2023年第1期。

杨莎莎、邓闻静、纪明：《中国十大城市群核心城市影响力比较分析》，《统计与决策》2017年第23期。

杨震宁、赵红：《中国企业的开放式创新：制度环境、"竞合"关系与创新绩效》，《管理世界》2020年第2期。

姚建秀、钟书华：《"创新型城市发展"研究述评及展望》，《城市问题》2023年第8期。

叶云岭、吴传清、张力伟：《制造业集聚、空间知识溢出与城市创新绩效——来自中国283个城市的证据》，《统计与决策》2023年第3期。

易信：《新一轮科技革命和产业变革对经济增长的影响研究——基于多部门熊彼特内生增长理论的定量分析》，《宏观经济研究》2018年第11期。

尹继佐主编：《世界城市与创新城市：西方国家的理论与实践》，上海社会科学院出版社2003年版。

尹喆、周密：《京津冀区域协同创新发展的路径研究》，《现代管理科学》2016年第5期。

尤宇、刘云、赵瑞雪：《本土创新网络与全球创新网络耦合协同性测度——基于中国省域数据的实证分析》，《科学学研究》2024年第

7期。

余文涛、杜博涵、王雅云：《数字经济政策对产学研协同创新的影响研究》，《软科学》2024年第1期。

张博、谢家智、吴静茹：《创新驱动政策抑制实体企业"脱实向虚"了吗——基于国家创新型城市试点政策的准自然实验》，《科技进步与对策》2023年第14期。

张坚、黄琨：《新发展阶段长三角区域科技创新协同发展的循环机制》，《科学管理研究》2022年第3期。

张扬、顾丽梅：《中国创新型城市政策的演进逻辑与实践路径——基于文本分析的视角》，《科学管理研究》2021年第6期。

张战仁、刘卫东、杜德斌：《跨国公司全球研发网络投资的空间组织解构及过程》，《地理科学》2021年第8期。

赵全超、汪波等：《环渤海经济圈城市群能级梯度分布结构与区域经济发展战略研究》，《北京交通大学学报》（社会科学版）2006年第2期。

中国科技发展战略研究小组、中国科学院大学中国创新创业管理研究中心：《中国区域创新能力评价报告（2022）》，科学技术文献出版社2022年版。

中国社会科学院工业经济研究所课题组：《世界主要经济体未来产业的战略布局》，《新经济导刊》2023年第2期。

周灿、曾刚、宓泽锋等：《区域创新网络模式研究——以长三角城市群为例》，《地理科学进展》2017年第7期。

周晶晶、沈能：《基于因子分析法的我国创新型城市评价》，《科研管理》2013年第S1期。

周麟、古恒宇、何泓浩：《2006—2018年中国区域创新结构演变》，《经济地理》2021年第5期。

周锐波、刘叶子、杨卓文：《中国城市创新能力的时空演化及溢出效应》，《经济地理》2019年第4期。

周振华：《加快推进全球科创中心建设的几点建议》，《世界科学》2020年第S1期。

周振华：《论城市能级水平与现代服务业》，《社会科学》2005年第9期。

周振华:《论城市综合创新能力》,《上海经济研究》2002 年第 7 期。

邹德慈:《构建创新型城市的要素分析》,《中国科技产业》2005 年第 10 期。

邹燕:《创新型城市评价指标体系与国内重点城市创新能力结构研究》,《管理评论》2012 年第 6 期。

A. Isaksen, S. Jakobsen, "New path development between innovation systems and individual actors", *European Planning Studies*, 2017 (25).

Anis Khedhaouria, Roy Thurik, "Configurational Conditions of National Innovation Capability: A Fuzzy Set Analysis Approach", *Technological Forecasting and Social Change*, 2017 (7).

Bai Xu, Wu Yun Yang, Yue Wang Meng, "Research on the Impact of Global Innovation Network on Corporate Performance", *Technology Analysis & Strategic Management*, 2022 (5).

Breandán Ó. Huallacháin, Der-Shiuan Lee, "Urban Centers and Networks of Co-invention in American Biotechnology", *The Annals of Regional Science*, 2014, 52 (3).

Chapain C., Comunian R., "Dynamics and Differences across Creative Industries in the UK: Exploring the Case of Birmingham", *Redige*, 2011 (2).

Etzkowitz H., de Mello J. M. C., Mariza A., "Towards Meta-Innovation in Brazil: The Evolution of the Incubator and the Emergence of a Triple Helix", *Research Policy*, 2005 (4).

Feng-chao Liu, Denis Fred Simon, Yu-tao Sun, et al., "China's Innovation Policies: Evolution, Institutional Structure, and Trajectory", *Research Policy*, 2011 (7).

Fontana R., Geuna A., Matt M., "Factors Affecting University Industry R&D Projects: The Importance of Searching, Screening and Signalling", *Research Policy*, 2006 (2).

Freeman C., "Networks of Innovators: A Synthesis of Research Issues", *Research Policy*, 1991 (5).

Hall P., "Creative Cities and Economic Development", *Urban Studies*, 2000 (4).

Inkinen T. , "Reflections on the Innovative City: Examining Three Innovative Locations in a Knowledge Bases Framework", *Journal of Open Innovation*, 2015 (1).

Jeffrey L. Furman, Michael E. Porter, Scott Stern, "The determinants of national innovative capacity", *Research Policy*, 2002 (31).

Landry C. , *The Creative City: A Toolkit for Urban Innovators*, London: Earthscan Publications, 2000.

Meijers E. , "Polycentric Urban Regions and the Quest for Synergy: Is a Network of Cities more than the Sum of the Parts?", *Urban Studies*, 2005 (4).

Nicholas Bloom, Mirko Draca, John Van Reenen, "Trade Induced Technical Change? The Impact of Chinese Imports on Innovation, IT and Productivity", *The Review of Economic Studies*, 2015 (2).

Nijkamp P. , Reggiani A. , "Drivers of Innovation: A Comparative Study on Innovation in European Cities by means of Multi-criteria Analysis", *Tijdschrift Voor Economische En Sociale Geografie*, 2000 (3).

Puglisi M. , Marvin S. , "Developing Urban and Regional Foresight: Exploring Capacities and Identifying Needs in the North West", *Futures*, 2002 (8).

Yuna Di, Yi Zhou, Lu Zhang, et al. , "Spatial Pattern and Evolution of Global Innovation Network from 2000 to 2019: Global Patent Dataset Perspective," *Complexity*, 2022 (1).

Xingqiang Du, Wei Jian, Shaojuan Lai, et al. , "Does Religion Mitigate Earnings Management? Evidence from China", *Journal of Business Ethics*, 2015 (131).

后　　记

创新型城市代表着城市经济社会发展到一定阶段的高级形态，其本质特征在于依托城市自身的创新体系特征，通过科技、知识、人文和体制等创新要素多维协同，构建可持续的创新竞争优势。具体表现为创新要素的高效集聚、产业结构的持续优化以及创新生态的系统培育等，最终实现城市自身创新能力的整体跃升，并对周边区域产生显著的辐射带动效应。创新型城市可以充分发挥城市在集聚、配置和优化创新资源方面的优势，成为推动区域和国家创新体系建设的关键性载体。党的二十大报告指出，必须坚持科技是第一生产力、人才是第一资源、创新是第一动力，深入实施科教兴国战略、人才强国战略、创新驱动发展战略，开辟发展新领域新赛道，不断塑造发展新动能新优势。"三个第一"的重要论述，从系统论视角揭示了教育、科技、人才三大创新要素的战略耦合关系和重要作用，为深入实施创新驱动发展战略、优化国家创新体系提供了根本遵循，也为创新型城市建设明确了以要素协同为基础、以系统效能提升为目标的实践方向。

在科技创新加速迭代的时代，多主体协同创新、多链条融合创新等特征日益凸显，这对创新型城市建设提出了更高的要求，各个城市要立足自身情况，加强原始性创新，提升自主创新能力，在集成创新基础上形成具有全球竞争力的创新型产业集群。同时，要充分调动全社会力量投入和支持创新创业，从而增强城市的综合创新能力，提升城市在全球创新网络中的地位。随着"单一源头创新"逐渐向"多元过程创新"转变，需要建立跨区域的协同创新体系，集聚多元主体共同参与，打通创新链、产业链与资金链相互衔接的绿色通道，完善基础研究与成果转化循环促进机制，形成创新要素高效循环的生态系统。我国经济已由高速增长阶段转向高质量发展阶段，都市圈和城市群形态作为经济活动的重要空间载体所发挥的作用愈发重要。当今世界经济体之间的竞争将由一个城市的"单打独斗"，转变为由增长极引领的都市圈和城市群带动的"兵团作战"模式，特别是对人才、科技、资本等高端要素的争夺将空前激烈。尤其是在全国统一大市场的背景下，全国市场一盘棋、要素市场自由流动对区域协同创新提出了更高要求，不断完善区域协同创新机制，打造科技创新共同体，形成重要增长极，成为都市圈和城市群提升全球竞争力的重要基础。

南京作为首批国家创新型城市，具有丰富的创新资源和悠久的创新传统，近年来，正在加快实施创新驱动发展战略，在战略科技力量锻造、创新企业培育、创新人才引培等方面取得显著进步，推动引领性国家创新型城市建设不断迈上新台阶。目前，正以"打造具有全球影响力的产业科技创新中心主承载区"为目标，在国家创新型城市建设实践中形成了独特的竞争优势，深度参与全球创新网络重构。2018年，"创新"第一次作为关键词出现在了"新年第一会"，开启了南京创新的新篇章。近年来，南京深入贯彻习近平总书记关于科技创新的系列重要论述，尤其是2023年，习近平总书记来到南京，走进了紫金山实验室和南瑞集团，对南京和江苏的科技创新发展给予了更多期许，希望江苏"在科技创新上取得新突破，在强链补链延链上展现新作为，在建设中华民族现代文明上探索新经验，在推进社会治理现代化上实现新提升"，南京作为省会城市，更应该"在科技创新上取得新突破"上走在前，做示范，做好省会城市的担当。本书正是基于多年以来对科技创新和创新型城市研究的积累，以及南京等创新型城市探索实践的基础上，从全球、区域和城市等不同维度，采用不同的研究方法，对创新型城市的相关研究进行系统梳理，探寻不同尺度下创新型城市建设的具体路径。同时，多年来，南京在推动创新型城市发展中做出了不少有益探索，但科技资源家底深厚的南京在创新道路开拓、创新型产业发展等方面也走了一些弯路，面临着一些制约因素。深入剖析南京创新型城市建设中的现实基础、瓶颈、战略举措等，对于加快中国其他创新型城市发展、不断完善国家创新体系建设具有重要的借鉴和促进作用。

自2013年从事科研工作以来，笔者专注于科技创新与创新型城市研究，先后参与多项相关课题。作为一位社科工作者，既致力于城市发展理论的深化与创新，同时，作为城市实践的观察者与参与者，也致力于探索具有中国特色的城市创新发展路径与模式。本书也算是一个集成的研究成果，在课题研究和书稿写作完成过程中，得到了许多专家、学者和部门领导、同事的关心和帮助。借此机会，感谢南京市社会科学院院长曹劲松研究员，曹院长百忙之中对书稿提出了很多有价值的建设性意见，在此深表谢意！感谢南京市社会科学院经济所的黄南研究员、丰志勇研究员和陈燕研究员等领导和同事们对本书出版的关心和帮助，涉及的很多前期研究课题都是大家并肩作战、共同完成的，在一次次合作中，获益良多，深表感激！尤其是黄南研究员对本书的研究思路、框架构建等方面多次给予建议，特此表示感谢！同时，感谢中国社会科学出版社的编辑们为本书出版做出的辛苦工作。受资料限制以及本人研究偏好影响，难免有疏漏和偏颇之处，敬请各位专家和同仁不吝赐教！

作　者
2024 年 8 月